보물지도 8

이 책을 소중한

_____님에게 선물합니다.

_____드림

• 기적을 보길 원하는 이들의 꿈의 목록 •

보물지도 8

기획 · 김태광

김태광 미셸 현 이혜미 이주연 김리나
송세실 유하영 장재형 류한윤 이송이

시너지북

상상하면 이루어지는
보물지도를 시작하는 당신에게

누구나 마음속에 인생의 보물지도가 있다. 보물지도는 가슴을 뛰게 하는 꿈의 목록이며 우리를 성장하게 만드는 에너지다. 하지만 우리는 살아가면서 그 꿈들을 미루어 놓게 된다. 대부분 당장 어깨 위에 짊어진 짐을 해결하느라 전전긍긍한다. 나 역시 세상을 살아오면서 이룬 것도 있지만 시련과 좌절도 겪었다. 그동안 미루어 놓았던 책 쓰기는 이제야 나의 보물지도가 되었고 나는 인생의 열쇠를 찾았다.

보물지도를 그리는 것은 강력하게 몸과 마음과 영혼을 하나로 집중시키는 것이다. 머릿속에 막연하게 떠오르는, 잠시 스쳐 가는 생각이 아니다. 선명한 꿈의 지도를 통해 이미 이루어진 것처럼 생각하고 확신을 가지고 행동하라는 것이다. 이렇게 자신의 꿈을 의심하지 않고 보살피는 행동은 이미 성공을 이룬 것과 같다. 천천히 호흡하면서 우리가 살고 있는 지구 위에 자신의 보물지도를 그려 보자. 원하는 삶을 살고 꿈을 이루는 사람들은 자신을 믿고 이루고자 하는 꿈을 의심하지 않는다. 그들은 이미 이루어진 것처럼 생각하고 행동하기 때문에 절대 흔들리지 않는다.

　이 책은 10명의 보물지도를 한 권으로 엮은 것이다. 개인이 찾아가는 보물지도의 길은 다르지만 찾고자 하는 보물의 가치는 같다. 어쩌면 누군가의 보물지도 덕분에 우리의 삶이 좀 더 발전했을 수도 있다. 마찬가지로 오늘 나의 간절한 꿈이 다른 사람에게 선행을 베푸는 씨앗이 될 수도 있다. 어제보다 나은 오늘에 감사하고 함께 꿈을 꾸는 사람들과 보물지도를 그려 보자.

　자신의 꿈이 무엇인지 명확히 알고 인생의 항해를 시작하는 사람은 반드시 목적지에 닿을 수 있다. 상상하면 이루어지는 보물지도와 많은 꿈 친구들과 함께 인생의 항해를 시작하자. 우리의 꿈은 반드시 현실이 될 것이다.

2017년 4월

미셸 현

CONTENTS

청소년의 꿈을 돕는 메신저 되기 _이주연

가치를 전파하는 강연가 되기 _김리나

모두가 행복한 세상 만들기 _송세실

청소년 상담사 및 꿈 설계사 되기 _유하영

자기계발 분야 최고의 성공철학 강연가 되기 _장재형

Chapter 8

행복과 희망을 전하는 건강전도사 되기 _류한윤

Chapter 9

대한민국 최고의 동기부여 강연가 되기 _이송이

'전 국민 1인 1책 쓰기' 운동 펼치기

김태광

김태광

〈한책협〉 대표이사, 대한민국 대표 책 쓰기 비법 스타 강사, 초·중·고등학교 16권 교과서 글 수록,
제1회 대한민국 기록문화대상, 대한민국 신창조인대상, 포친대한국인대상 수상, 대한민국 최고기록 인증

저술과 강연을 통해 수백 명을 작가와 강연가, 코치, 컨설턴트로 만들었으며, 지금까지 200여 권의 책을 집필했
다. 2011년 제1회 '대한민국기록문화대상' 최고기록부문 '책과 잡지분야'를 수상했고, 2012년 '대한민국 신창조인
대상', 2013년 '도전한국인 대상'을 수상했다. 2016년에는 '도전한국인운동본부'로부터 '최단기간 최다저자 배출'
로 '대한민국 최고기록 인증'을 수여받았다. 현재 네이버 카페 〈한국 책쓰기 성공학 코칭협회〉를 운영하고 있다.

E-Mail vision_bada@naver.com

'전 국민 1인 1책 쓰기' 운동 펼치기

요즘 책 쓰는 사람들이 늘고 있다. 책 쓰기로 자아실현을 하고자 하는 사람들이 많아지고 있다는 뜻이다. 이 글을 쓰는 나 역시 과거 무스펙이었지만 꾸준히 책을 써 왔고 그 과정에서 작가, 강연가, 코치, 컨설턴트 등의 스펙이 생겨났다. 나는 책 쓰기의 힘에 대해 누구보다 잘 알고 있다. 저서 한 권을 펴냈을 뿐인데 여러 곳에서 강연 요청을 해 오고 언론사에서는 인터뷰나 방송 출연을 요청하기도 한다. 내가 사람들에게 직장을 다니든, 백수든, 주부든 무조건 책부터 써내라고 하는 이유다.

그동안 나는 네이버 카페 〈한국책쓰기성공학코칭협회(이하 한책협)〉를 운영해 오고 있다. 이곳에서 진행하는 〈책 쓰기 과정〉을 통해 수백 명의 사람들을 작가, 강연가, 코치로 만들었다. 이들은 작가를 넘어 1인 창업가로 왕성하게 활동하며 자신의 지식과 경험, 성공 비결을 전하는 메신저로 활동하고 있다. 직장생활 할 때 적은 월급으로 생활했다면 지금은 좋아하는 일을 하면서 큰 수입을 올리는 메신저로서 행복한 삶을 살고 있다. 지식과 경험, 노하우를 사람들에게 전수해 주고 그 대가를 돈으로 받고 있는 것이다. 〈한책협〉을 거쳐 간 이들 중에 월 수억 원의 수입을 올리는 이들도 있고, 몇 천만 원을 버는 이들도 많다.

그 가운데 대표적인 이들로 임원화 작가, 허지영 작가, 이나금 작가, 신성호 작가, 신상희 작가, 임동권 작가, 이선영 작가 등이 있다. 임원화 코치는 《한 권으로 끝내는 책쓰기 특강》, 《하루 10분 독서의 힘》, 《스물아홉, 직장 밖으로 행군하다》 등의 책을 펴내고 〈한책협〉의 책 쓰기 코치뿐만 아니라 전국을 무대로 독서 코치, 책 쓰기 코치로 활동하고 있다. 허지영 작가는 항공사에서 근무하다 퇴직한 후 블로그 쇼핑몰을 운영하면서 《나는 블로그 쇼핑몰로 월 1,000만 원 번다》를 펴냈다. 책 출간 후 그녀의 삶은 완전히 달라졌다. 현재 블로그 쇼핑몰 창업 코치, 컨설턴트로 활발하게 활동하고 있다. 부동산 여왕으로 불리는 이나금 작가는 《나는 쇼핑보다 부동산 투자가 좋다》를 펴내고 강남에서 '직장인을 위한 부동산 투자연구소'를 개설해 누구보다 즐거운 삶을 살고 있다. 자신이 갖고 있는 부동산 지식과 경험과 비결로 평범한 사람들을 부자로 만드는 데 도움을 주고 있다. 생식전문회사에서 연구원으로 근무하고 있는 신성호 작가는《하루 한 끼 생식》을 펴내고 강연 등으로 바쁘게 보내고 있으며, 신상희 작가는《고객이 스스로 사게 하라》라는 책을 펴낸 뒤 '한국세일즈디자인코칭협회'를 운영하고 있다. 임동권 작가는《10년 안에 꼬마빌딩 한 채 갖기》, 《신축 경매로 꼬마빌딩 한 채 갖기》를 펴낸 뒤 TV에 출연했는가 하면 코치, 컨설턴트, 강연가로 활동하고 있다. 치과에서 치위생사로 근무했던 경력의 이선영 작가는《1인 창업이 답이다》, 《병원 매출 10배 올리는 절대 법칙》을 펴낸 뒤 1인 기업가로 활동하고 있다. 이외에도 많은 사람들이 책을 펴낸 뒤 직장생활만 했을 때는 꿈도 꾸지 못했던 일들을 하며 하루하루를 즐겁게 보내고 있다.

지금보다 더 나은 삶을 꿈꾼다면 책부터 써내야 한다. 많은 이들이 경제적으로 윤택한 삶을 살고 싶어 하면서도 그러지 못하는 이유는 직장생활만 하기 때문이다. 우리같이 평범한 사람들은 자신의 경험을 돈으로 바꾸는 1인 창업가가 되지 않고선 성공하거나 경제적인 자유를 누리는 것이 사실상 불가능하다.

언제 잘릴지 모르는 직장인이라면 가장 먼저 책부터 써라. 지금부터 차근차근 개인 브랜딩을 시작해 직장을 나올 준비를 해야 한다.

여러분이 책을 써야 이유는 수없이 많다. 그중에 다섯 가지만 열거하겠다.

① 책은 최고의 소개서다

내 이름으로 된 책은 언론 인터뷰보다 더 파급력이 크다.

② 사회적 영향력이 크다

나의 스토리가 담긴 책을 출간하게 되면 사람들에게 나라는 존재감을 드러낼 수 있다.

③ 전문가의 자격증이다

책을 펴내는 순간 자신의 분야에서 권위자, 전문가로 인정받게 된다.

④ 미래가 달라진다

책을 쓰는 일은 독서와는 또 다르다. 과거, 현재, 미래가 연결되어 가슴 뛰는 꿈이 생겨난다. 단 1분도 허투루 쓰지 않게 된다.

⑤ 사회에 공헌하는 일이다

대부분 어려운 사람들에게 물질적으로 도움을 주는 것이 사회에 공헌하는 일이라고 여긴다. 하지만 책을 펴내게 되면 자신의 지식과 경험, 인생의 깨달음, 노하우를 고스란히 전달할 수 있다.

책을 읽는 사람은 지금 자신이 겪고 있는 시행착오에 대한 조언을 구할 수 있다. 나의 책을 읽은 누군가의 인생이 달라진다면 이 역시 사회에 공헌하는 일이다.

나는 전 국민이 당장 책 쓰기에 도전하라고 말하고 싶다. 아무리 책을 읽어 봤자 인풋만 되지 아웃풋으로 이어지지 않는다. 그러나 책을 펴낸다면 이야기는 달라진다. 저서 한 권만 펴내도 부모 형제, 친척들, 친구들, 동료들이 인정해 주고 알아준다. 자신의 이름으로 된 책을 내는 것만으로도 위대한 사람으로 인정받고 잘 살고 있다고 받아들여지기 때문이다.

나는 〈한책협〉의 12,000명의 회원들과 함께 '전 국민 1인 1책 쓰기' 운동을 전개해 나갈 것이다. 그리하여 사람들이 자신이 세상에 태어난 소명을 깨닫고 후회 없는 삶을 살기를 바란다. 그런 위대한 일을 하는 중심에 〈한책협〉이 있다.

Chapter 1

대한민국 여성들의
롤모델 되기

———————— 미셸 현

미셀 현 ─────────

'미셀 현 자기경영스쿨', '웰니스 인스티튜트' 대표, 작가, 컨설턴트, 전문인 교육가, 동기부여가

무용교육학을 전공했다. 척추전문병원과 함께 자이로토닉시스템을 한국 최초로 도입해 널리 알리는 데 주력했다. 여성의 건강한 아름다움과 웰빙라이프스타일을 알리고 꿈을 포기하지 않도록 돕는 데 앞장서고 있다. 2009년 한국병원 홍보협회 대상과 한국병원 사보협회 대상을 수상했다. 저서로는 《미셀 리의 키 성장 프로젝트》, 《바른 자세와 운동》이 있다.

01

대한민국 청춘이 닮고 싶어 하는 여성 기업인 되기

　　나는 기업인이 되겠다는 열망이 크다. 나의 꿈 리스트에는 '성공한 여성 기업인 되기'가 항상 1순위로 적혀 있다. 처음에는 전 세계를 무대로 활동하는 현대무용가를 꿈꾸며 유학을 떠났다. 하지만 일과 육아를 동시에 감당해야 하는 초보엄마가 되면서 내 꿈은 여성 기업인으로 확장되었다.

　　성공한 여성 기업인들에 대해 공부하면 할수록 그들에게 공통점이 있다는 것을 알았다. 그녀들은 자신이 좋아하던 일을 사업화시켰다. 그리고 그 분야에서 최고가 되었다. 성공한 여성 기업인들은 빠르게 성공의 길을 갈 수 있는 절호의 기회를 놓치지 않았다. 이미 성공한 사람들을 벤치마킹해서 시행착오를 줄이는 지름길을 선택한 것이다. 각 분야의 전문가를 직접 만나거나 강연에 참석하는 등 성공하기 위해 지속적으로 노력했다. 성공자들을 직접 만날 수 없는 경우에는 그들과 관련된 책을 읽으며 그들을 연구하고 본보기로 삼았다.

나는 앞으로 여성을 위한 비즈니스 스쿨을 만들고 싶다. 그동안 쌓아 온 나의 경험과 지식을 나누는 비즈니스 스쿨을 통해 여성들을 돕고 싶다. 끝까지 해내는 근성을 가진 여성 기업가의 저력으로 후배 여성들의 삶을 빛나게 만든다면 이보다 더 멋진 일이 있겠는가?

나는 두 아이의 엄마가 되어 다시 복학했을 때 꿈을 이루었다고 생각했다. 하지만 한 학기가 끝날 무렵 미래에 대한 두려움은 이전보다 더 커졌다. 사실 그 당시는 장학금을 받아야 비싼 등록금을 감당할 수 있을 만큼 어려웠다. 그래서 나의 관심사는 온통 '성공한 여성 기업인'이었다. 성공한 사람들의 노하우를 열렬하게 배우고 싶었다. 어린 학생들 사이에서 나는 유일한 아줌마 학생이었고, 그렇기 때문에 몇 배로 노력해야 했다. 하지만 느리다고 절망하지 않았고, 인생 목표를 완벽하게 바꾸는 모험을 하기로 결심했다.

포기하지 않으면 꿈은 반드시 이루어진다는 내용의 아프리카의 일화가 떠오른다. 아프리카에 심한 가뭄이 들 때마다 기도를 함으로써 비가 오게 만드는 부족이 있었다. 이 부족의 기도가 이루어지는 확률은 항상 100%였다. 다른 부족 사람들은 믿기 어려운 결과에 감탄하며 완벽한 기도 비법을 물었다.

"어떻게 기도하면 비를 내리게 할 수 있나요? 특별한 주문이 있다면 우리에게도 알려 주십시오."

"우리는 비가 내릴 때까지 춤추고 노래하는 것을 멈추지 않습니다."

이 부족의 100% 기도 성공 비결은 비가 올 때까지 춤추고 노래하는 것을 멈추지 않은 끈기다.

나는 시작하면 무조건 해내고 마는 우직한 기질 덕분에 '가장 훌륭한 학습지도안을 만들어 낸 교사상'을 받으며 예술대학을 졸업했다. 행운은 연달아 오는 것인지, 졸업하는 그해 '자이로토닉'이라는 새로운 분야를 개척한 전문인으로서 척추전문병원의 실장직까지 맡게 되었다. 자이로토닉은 뉴요커들의 로망이었으며 전 세계 여성들로부터 폭발적인 인기를 얻고 있는 보디 메서드다. 1998년 척추병원 의사인 둘째 오빠의 소개로 우연히 알게 된 자이로토닉은 나에게 또 다른 꿈을 선물했다.

무엇이든 즉시 행동하는 나는 학교 수업 후 뉴욕에서 자이로토닉 전문인 교육을 받았다. 당시 나는 필라델피아에서 뉴저지 기차역까지 차를 운전해 갔고, 캣우먼 뺨치는 속도로 기차표를 사고 날다시피 기차에 옮겨 탔다. 턱까지 차오르는 숨을 크게 내쉬고 나면 배가 등까지 붙을 정도로 먹은 것이 없다는 것을 깨달았다. 그때 책가방 속에서 꺼내 먹던 땅콩잼 샌드위치는 어떤 요리보다 꿀맛이었다. 시간을 조각이불처럼 쪼개며 뛰어다닌 덕분에 졸업과 함께 새로운 자격증까지 취득하며 불혹의 나이에 당당한 프로페셔널 워킹맘이 되었다. 물론 한국 최초의 척추전문병원 재활 프로그램 디렉터로 예우하겠다는 조건까지 포함해서 말이다.

꿈을 가진 여자는 아름답다. 지금 나는 인생 2막을 또 다른 꿈으로 시작한다. 그동안은 나의 꿈을 위해 앞만 바라보며 달려왔다면 이제부터는 '더 많은 여성들에게 스스로 꿈을 이루는 방법'을 알려 주는 여성 기업인이 되기로 결심했다. 하지만 어떻게 더 많은 사람들과 함께 꿈을 실현시킬 수 있을까 난감했다. 그렇게 고민하던 중 나의 멘토 여성 기업인 '마샤 스튜어트'가 번개처럼 생각났다. 그녀는 매거진과 책을 통해 자신을 브랜딩한 대표적인 미국의 여성 기업인이다.

책을 써내 강연가가 되면 고민을 해결할 수 있다는 생각에 즉각 인터넷 검색을 시작했다. 나는 제대로 된 책을 써내고 싶었다. 무엇보다 처음부터 완벽하게 고기 잡는 방법을 깨우치고 싶은 욕망이 간절했다. 한참을 검색했지만 원하는 답을 찾지 못해 컴퓨터를 끄려는데 '키워드를 책 쓰기로 바꾼다면?'이라는 생각이 들었다. '글쓰기'를 '책 쓰기'로 한 글자만 바꾸었을 뿐인데 나의 행운은 또다시 시작되었다.

상상하면 현실이 된다는 말은 진실이다. 나는 드디어 김태광 코치가 운영하는 네이버 카페 〈한책협〉을 만났다. 〈1일 특강〉에 책 쓰기를 소개하는 정도의 수업일 것이라 생각하고 참석한 나는 충격을 받았다. 〈한책협〉은 엄청난 책 쓰기 노하우를 아낌없이 알려 주었기 때문이다. 그날 바로 책 쓰기 7주 과정에 등록했고 벌써 5강을 마쳤다. 여러 방향으로 흐트러져 있던 막연한 내 꿈들을 깔끔하게 정리하고 책 쓰는 기업인이 되기 위한 준비를 신나게 하고 있다.

현재 나는 개인저서를 준비 중이다. 방송인 오프라 윈프리, 기업인 마샤 스튜어트처럼 꿈꾸는 여성들을 위한 메신저가 될 꿈을 이루어 줄 책이다. 책에는 실패와 성공의 경험 그리고 오뚝이처럼 일어섰던 회복 노하우도 담는다. 내 책이 많은 사람들의 희망이 되고 역경을 이겨 내는 실행서가 되길 소망한다.

고등학교 시절 어머니는 자주 이런 말씀을 하셨다.

"현아, 세상을 살다 보면 달구지도 만나고, 마차도 만나게 되는

데 그때마다 '그럴 수도 있지'라고 생각하며 떠나보내라."

이런 어머니의 생각이 어린 나에게 큰 영향을 주었다. 실패할 때도 긍정적으로 세상을 살 수 있었던 데는 지혜로운 어머니의 영향이 컸다. 이제 내 차례가 왔다. 책을 통해 더 많은 사람들과 함께 공감하는 기업인으로서 희망의 메신저가 될 것이다. 그리고 꿈을 이루고 싶은 사람들을 돕는 동기부여가로 활동할 것이다. 오늘도 나는 대한민국 청춘이 가장 닮고 싶어 하는 여성 기업인이 되기 위해 달리고 있다.

02

대한민국 최고의
여성 자기경영 스쿨 만들기

"혹시 학교 다닐 때 공부를 진짜 하고 싶었는데, 사정이 어려워서 하지 못하셨나요?"

어느 날 자이로토닉 전문인 교육과정에 온 한 참여자가 나에게 질문했다. 나는 뜬금없는 질문에 당황했다. 무슨 의도로 그런 말을 하는 건지 호기심이 들어 이유를 물어보았다.

"글쎄요. 편하게 쉬어도 되는 나이 같은데 아직도 공부를 하신다기에 물어봤어요."

초등학교 때의 일이다. 운동회 날 가장행렬 행사가 있었다. 나는 프랑스 공주 역할을 맡아 망사가 겹겹이 둘러싸인 꽉 조이는 드레스를 입었다. 그런 차림으로 무더운 날씨에 운동장을 몇 바퀴씩 돌며 퍼레이드를 하는 것은 쉽지 않았다. 그럼에도 불구하고 나는 어린 나이에도 남달라야 한다고 생각했는지 하얀색 레이스가 달린 양산을 들고 입꼬리가 귀에 닿을 정도로 미소 지으며 꼿꼿한 자세로 앉아 있었다.

그날 이후 나는 꼬마 가장행렬 스타가 되어 있었다. 그 일을 계기로 나는 자연스럽게 남들 앞에 나서는 일을 좋아하게 되었다. 심지어 고등학생 오빠들을 흉내 낸다고 뜻도 모르는 두꺼운 빨간색 문학전집을 들고 폼을 잡았다. 아마도 나의 내면에 흐르는 지적 호기심은 어릴 적에 이미 불붙었다는 느낌이 든다.

지금 나의 호기심은 순전히 자신의 매력으로 세상의 존경을 받는 여자들에게 꽂혀 있다. 세상에서 제일 지성적인 여자, 따뜻한 카리스마를 가진 여자, 삶을 주도적으로 리드하는 여자들에 관한 책을 읽을 때 완전히 매료된다.

나에게는 여러 명의 여성 멘토가 있는데 거의 역사 속 인물들이다. 그중 내가 가장 열광하는 멘토는 재클린 케네디 오나시스다. 재클린은 미국 제35대 대통령 존 F. 케네디의 영부인이자 그리스의 선박왕 오나시스의 부인이었다. 미모와 기품, 풍부한 지식과 재치 있는 태도 그리고 뛰어난 패션 스타일로 당대 미국 국민의 무한한 사랑을 받았던 인물이다. 그녀는 '젊음의 아이콘'이었으며, 특히 사람을 빠져들게 만드는 강렬한 매력이 있었다. 재클린의 깊이를 알 수 없는 지성미와 스타일에 대한 자신감은 나를 완전히 사로잡았다.

나는 여자들이 자신이 가지고 있는 지적인 내면과 외적인 매력을 과소평가하는 경향이 있다는 사실을 알았다. 왜 대부분의 여자들은 자신이 얼마나 멋진 사람인지 모를까? 왜 자신의 개성을 감추고 다른 사람의 스타일을 무조건 모방할까? 나는 모든 사람에게는 특별한 것이 있다는 사실을 알려 주고 싶다는 강한 욕망이 생겼다. 재클린의 피할 수 없는 매력이 그녀의 자신감으로부터 시작된 것처럼 모든 여성들의 자신감을 회복시키고 싶다.

브렌든 버처드는 저서 《메신저가 되라》에서 다음과 같이 말했다.

"만약 당신이 숱한 어려움 끝에 어떤 일을 마침내 해낸 적이 있다면, 현재 그 일로 고생하고 있는 사람들을 도와야 한다. 또한 불가능하다고 여겨지던 일을 해냈을 때도 마찬가지다. 혹은 어떤 것을 이해하느라 몇 년을 보낸 끝에 마침내 깨달음에 도달했다면 당신과 같은 도전을 하는 다른 사람들의 학습기간을 단축시켜줘야 한다."

나의 인생 경험과 지식도 누군가에게는 도움이 될 수 있다. 나에게 당연한 것이 다른 사람에게는 특별한 솔루션일 수도 있는 것이다.

무엇이든 행동이 앞서는 나는 운영 중이던 교육센터를 확장해 여자들을 돕는 특별한 스쿨 시스템을 완성하고 싶다는 새로운 꿈을 설계했다. 〈한책협〉의 7주 〈책 쓰기 과정〉을 시작하던 첫날, 200여 권의 책을 펴낸 책 쓰기 명장 김태광 코치와 면담을 했다. 그는 두서없이 설명하는 내 이야기를 현장에서 한 단어로 정리했다. 이리저리 나열되어 있는 상품처럼 복잡했던 꿈들이 그의 한마디로 완벽하게 정리되었다.

"1% 여성을 위한 자기경영법에 관한 책을 쓰고 강연부터 시작하세요."

현재 나는 15년 넘게 여자들의 '웰니스 라이프스타일'을 강의한 경험을 토대로 '1% 여성을 위한 자기경영법'을 주제로 한 책을 쓰고 있다. 내 경험과 지식을 함께 나누고 공유할 네이버 카페도 준비하고 있다. 24시간 다른 사람들을 도울 수 있는 시스템을 완성하는 중이다. 성공과 행복을 목표로 자기계발을 꾸준히 하는 여성들이 많아진다면 이보다 좋은 일이 어디 있겠는가? 성공적인 삶을 위해 자기관리가 필수라는 것은 이제 경영인이나 유명인에게만 해당하는 이야기가 아니다.

내가 오래전부터 스스로 자기관리를 하게 된 동기가 있다. 미국에 거주할 때 인생에 큰 교훈을 준 미국인 부부가 있었다. 나를 자랑스럽게 여기며 대부, 대모를 자청하셨던 분들이다. 지금은 내 가슴속에 간직하고 있는 아름다운 양부모님이다.

결혼과 함께 학업을 포기하고 선물가게를 운영하고 있을 때의 일이다. 운전면허가 없었기 때문에 출근하고 퇴근할 때까지 무조건 누군가 데리러 오기를 기다려야 했다. 그때 고등학교 교장선생님이던 대부는 내게 직접 운전을 가르쳤고, 가슴 서늘한 순간에도 나를 웃게 할 정도로 따뜻한 분이셨다.

어느 날 대부가 인자한 미소를 띠고 나에게 슬며시 물어보았다.

"왜 무용을 다시 시작하지 않죠?"
"나이가 너무 많은 것 같아요. 전 스물여덟 살이잖아요?"
"미셸! 나는 육십이 넘었지만 아주 젊다고 생각해요. 절대 꿈을 포기하지 않아야 후회 없는 인생을 살 수 있다는 말을 하고 싶어요."

그 말을 들은 지 정확하게 7년 후 나는 복학했다. 만약 그분의 조언이 없었다면, 지금의 나는 존재하지 않는다. 내가 대부의 도움으로 꿈을 이룬 것처럼 나도 다른 여성의 삶이 빛날 수 있도록 돕고 싶다.

대부분의 여성들은 피할 수 없는 상황 때문에 일을 포기할 경우 100% 자신을 놓아 버린다. 하지만 지속적으로 자기관리를 한다면, 기회가 왔을 때 바로 다시 인생을 시작할 수 있다. 나는 마흔 살에 첫 직장에 들어갔고 40대 중반에 세계적인 보디 메서드 국제 마스트 자격증을 취득했다. 100% 포기하지 않고 꾸준히 자기계발을 해 온 결과다.

앞으로 나는 여성의 성공과 행복한 삶을 이끌어 주는 메신저로 살아갈 것이다. 상상만 해도 뿌듯하다. 여성들이 주도적으로 삶을 만들어 가고 꿈을 쉽게 포기하는 일이 줄어드는 그날까지 최선을 다할 것이다.

03

남편과 함께 90세까지
럭셔리 여행 하기

나는 건강한 아름다움에 대해 강의하는 건강지킴이로 바쁘게 살았다. '일상 중 틈틈이 할 수 있는 뷰티 시크릿'을 가르치면서 정작 나 자신은 휴식을 취하지 못하고 종종걸음 쳤다. 좋아하는 일이지만 직업이 된 뒤로는 마음의 여유를 찾기가 쉽지 않았다. 성공과 행복을 목표로 달리는 것도 보람은 있었지만 세상을 바라보는 눈이 좁아지고 있음을 느꼈다. '나중에 되돌아봤을 때 후회하지 않을 자신이 있을까?'라는 고민이 커졌다.

평소 나는 남편과 함께 저녁 식사 후 여행 프로그램을 즐겨본다. 전국 명소를 둘러보거나 역사 유적지를 탐방하는 여행, 섬으로 떠나는 여행 프로그램 등을 주로 본다. 안방에서만 벌써 지구를 몇 바퀴 돌았다. 가끔 프로그램을 보다가 먹는 장면이 나오면 유혹을 못 이겨 과식할 때도 있다.

어느 날 여행 프로그램을 보다가 남편과 나눈 대화다.

"미셸, 당신은 어떤 타입의 여행이 좋아요?"

"요즘은 여행하면서 맛있는 음식 먹을 때가 제일 좋던데… '세계 맛집 탐방하기' 어때요?"

이렇게 시작된 맛집 탐방은 이제 우리의 일상이 되었다. 어느 계절에 떠나야 할지, 차는 어떤 종류를 선택할지 구체적으로 계획한다. 서로 의견이 엇갈릴 때면 자기 취향을 밀어붙인다. 남편은 스피드를 즐길 수 있는 스포츠카를 원하고, 나는 보이시한 지프차를 원한다. 결국 때마다 상황에 맞춰 선택하기로 결정했다.

계획도 실전처럼 반복하다 보니 욕심이 커졌다. '우아하고 때론 시크하게 여행하는 부부' 콘셉트는 어떨까? 홀리데이 시즌의 원포인트 같은 스타일도 소화하며 소박한 여행도 즐기는 '90세 럭셔리 여행 스타일'을 만들고 싶어졌다. 멋지고 당당하게 나이 든 아내가 되어 남편에게 럭셔리 여행을 선물한다면 금상첨화일 것이다.

나는 오늘도 영화 속 한 장면 같은 여행을 꿈꾼다. 동화 같은 이야기를 연출하고 싶다. 내가 제일 먼저 선택한 장면은 영화 〈사랑할 때 버려야 할 아까운 것들〉에 나오는 장면이다.

주인공 에리카가 레스토랑에서 상송을 흥얼거리며 몸을 살짝살짝 흔들고 있다. 리듬을 즐기는 모습이 세련되고 우아하다. 작은 테이블과 의자가 옹기종기 모여 있는 노천카페에서처럼 가까이 붙어 이야기하는 사람들로 실내는 꽉 찼다. 프랑스 사람들의 저녁 식사 시간은 거의 3시간이 걸린다고 한다. 영화에서도 모든 사람들이 천천히 음식을 먹으며 이야기 삼매경에 빠져 있다. 그중 내 눈길을 끈 것들은 요리, 케이크, 와인이었다. 와인과 함께 코스 요리가 차례로 도착할 때마다 나의 여행 맛집 메뉴 리스트는 늘어났다. 나는 일기장 한 페이지에 이렇게 적어 놓았다.

"에리카가 희곡 작품을 집필하던 바닷가의 별장 같은 곳으로 겨울휴가를 간다. 프랑스어 일상회화를 20개 정도 외워 마켓에서 저녁 재료를 프랑스어로 주문해 본다. 영화에 나온 레스토랑에 디너를 예약한다. 오드리 헵번이 영화 〈티파니에서 아침을〉에서 입은 것 같은 블랙 미니드레스를 입고 지미추 블랙 하이힐을 신는다."

그리고 남편과 나의 여행지 패션을 잡지에서 오려 낸 사진으로 멋지게 완성했다. 아직 남편에게는 비밀이다. 청바지와 티셔츠 차림을 가장 선호하는 남편은 드레스코드를 말하는 순간 여행을 포기할 수도 있다. 하지만 나는 '프라다를 입은 악마'로 변신해 남편의 디너 패션을 코디할 계획이다. 기품이 물씬 풍기는 패션 스타일과 너그러운 미소를 가진 우리 노부부의 모습이 세계적인 스트리트패션 사진작가의 눈길을 사로잡는다면 멋지지 않겠는가.

인생의 전반부를 '요구된 모험'을 하며 살았다면, 이제는 '자유로운 모험'을 하고 싶다. 세상을 바라보는 시야도 넓히고 다양한 나라의 문화도 경험해 보고 싶다. 성공과 행복을 목표로 달리는 것도 용기 있는 일이지만, 사랑하는 사람과 새로운 인생을 준비하는 것도 중요하다. 후회 없는 잔잔한 추억을 만들고 90세가 되었을 때 되돌아보며 남편과 함께 미소 짓고 싶다.

지난 시간을 돌아보니 여행 후 새로운 일을 시작한 적이 많았다. 재즈 바의 중년 여성 드러머에 도전한다며 홍대 드럼학원에서 1년 동안 드럼을 배운 것도 여행지에서 본 길거리 밴드에 반한 덕분이다.

작년에 이태리 피렌체로 여행 갔을 때 일이다. 이메일을 주고받던 독일 친구가 자신은 지금 로마에 있으니 같이 점심 식사를 하자고 했다. 남편은 구글 지도로 찾아갈 수 있다며 큰소리쳤다. 무엇이든 잘 해결하는 남편이라 나는 믿기로 했다. 피렌체 기차역에서 아침 일찍 기차를 탔고 약속 장소까지 정확한 시간에 도착했다. 나는 초행길에 긴장했지만 남편은 지도를 읽으며 나를 리드

했다. 남편이 영화 〈007〉의 숀 코네리처럼 섹시해 보였고 셜록 홈스보다 천재로 느껴졌다.

지금은 뻔히 아는 길도 자꾸만 구글 지도를 확인하는 남편 때문에 칭찬 문구가 고갈되고 있다. 외국도 아닌데 〈007〉 같다고 치켜세우기는 상당히 속 보여 할 수 없이 국산표로 칭찬하는 중이다. 남편은 지금도 단순한 길 찾기에 불과한 사소한 경험을 무용담처럼 이야기하며 행복해한다. 여행은 소소한 일도 특별함으로 바꾸는 마술인가 보다.

이제 자유로운 모험을 럭셔리 여행으로 준비하고 있다. 영화 속 한 장면 같은 세계여행을 남편과 함께 설계하고 있다. 나이를 먹으면서 옷과 구두에도 조금씩 변화를 주었던 코코 샤넬은 "외출을 하기 전에 거울을 한 번 더 보세요. 그리고 하고 있는 보석 중 하나를 빼는 것이 더 매력적이에요."라고 말했다.

나는 명품매장에서 마음에 쏙 드는 상품도 구입하지만 여행지에서 독특한 스타일도 찾고 싶다. 불필요한 라인을 없애고 여성의 패션에 활동성을 부여한 코코 샤넬처럼 나만의 스타일을 연출하고 싶다. 닮은 점도 많지만 다른 점도 많은 우리 부부의 여행 스타일을 완성하고 싶다. 캐모마일 차를 마시며 뉴욕 치즈케이크를 즐길 때는 하이힐도 신지 않을 것이다. 자유분방한 스타일임에도 여전히 우아하고 당당하게 행동하는 여성 기업가의 아우라로 빛나고 싶다. 나의 고유한 스타일은 90세가 되어도 자태를 구별해 주는 정체성이 될 것이다.

세상에서 가장 사랑스런 아내로서 남편에게 딱 맞는 럭셔리 여행을 선물하고 싶다. 더 건강하게, 더 행복하게, 더 예의 바르게 사랑하며 우아한 기품을 뽐낼 것이다. 이른 저녁 식사 후 여행지의 서점을 방문하고, 돌아오는 길에는 핫 초콜릿을 마시며 담소하는 것도 빠뜨리지 않겠다.

자신을 사랑하는 법을 잘 아는 아내를 자랑하는 남편이 고맙다. 나는 이제 그동안의 고마움을 세상에서 가장 아름다운 추억으로 만들어 보답할 것이다. 연륜이 쌓이면서 '원숙미'가 더해진 작가로, 후배 여성들의 아름다운 선배로, 더 나은 삶을 창조하는 동기부여가로, 세상을 향해 뛰어드는 멋진 여자로 기억될 것이다.

04

아이들과 럭셔리
유럽여행 하기

"어머나, 엄마는 조그마한데 아이
들은 엄청 크네요?"

"엄마와 별로 닮지 않았네요?"

나보다 키가 큰 딸과 내 몸집의 2배 반은 됨직한 아들과 있을
때 가장 많이 듣는 말이다. 20대 후반인 두 아이는 내가 봐도 믿
기 어려울 정도로 성장했다. 실은 나도 아이들의 어렸을 때의 모
습이 그리워 옛날 사진을 자주 본다. 얼마 전에는 딸이 초등학생
일 때 함께 찍은 스티커 사진이 귀여워 내 책상 위 모니터에 붙여
두었다. 딸도 그 사진을 보면 반가워할 줄 알았는데 시큰둥한 반
응을 보였다. 나중에 들은 이야기는 이랬다.

"엄마, 우리는 계속 커 가고 있는데 엄마는 자꾸만 우리가 어린아이로 남아 있기를 바라는 것 같아. 어릴 때 이야기도 좋지만 우리는 더 이상 애가 아니야."

나는 그제야 딸이 남자 친구가 있을 나이가 훨씬 지났다는 것을 깨달았다. 워낙 성격이 좋아 친구들 간의 모임을 주도하는 톰보이 같은 딸이다. 그래서인지 나는 여전히 딸을 고등학생 정도로 대했다. 그동안 일하느라 바빠 아이들과 진정한 소통을 나눈 지가 오래되었다. 바쁜 엄마로 사는 것이 미안해 솔직한 표현을 피한 것 같다.

아이들도 각자 친구들과 여행하는 일이 더 많아졌다. 엄마와 친하지만 이제 친구들과 훨씬 소통을 많이 하는 나이가 된 것이다. 내가 아이들과의 오래된 추억을 자주 이야기한 것도 현재 아이들과 공감할 이야기가 많지 않기 때문이 아닐까.

나는 아이들이 얼마나 내 말을 이해하고 있나 궁금해졌다. 열심히 해야 한다고, 꾸준히 성장해야 한다고 잔소리처럼 말한 것만 생각났다. 반면에 아이들이 무엇을 필요로 하고, 무엇을 인정받고 싶어 하는지, 어떤 꿈을 이루고 싶어 하는지 대화한 지는 오래다. 물론 끊임없이 시도는 한다.

아이들과 통화도 자주 하고 문자도 자주 주고받지만, 근래에 깊은 대화를 한 적은 뜸하다. 주변에 일어났던 일들을 알려 주는 공지사항 수준의 대화가 더 많았다. 예를 들어, 아들은 남자라면 배낭여행을 해야 한다며 떠나기 직전에서야 운동으로 키운 근육 사진들을 내게 보내왔다. 미국 산티아고에서 중학교 선생님으로 재직하고 있는 아들은 나의 카카오톡 친구이기도 하다. 딸은 여자 친구들 이야기는 자주 하지만, 남자 친구에 대해서는 한 번도 말하지 않았다. 매번 남자 친구는 없다고 할 뿐이다.

나는 아이들과의 소통을 가장 우선순위에 두는 엄마다. 요즘은 자부심보다 미안함이 더 많다. 인간의 가장 자연스러운 감정은 부모의 사랑이라고 한다. 아이들의 마음에 공감하는 부모만이 타인과도 좋은 관계를 유지할 수 있을 것이다. 나는 더 늦기 전에 함께 공유할 추억을 만들어야겠다는 생각이 들었다. 그도 그럴 것이 아이들도 고등학교 이후부터는 각자 다른 환경에 적응하고 있기 때문이다. 여름과 겨울을 각자 다른 활동으로 보내고 나면 자연히 자의 반 타의 반으로 서로에 대한 관심이 적어진다.

지금 두 아이도 각자가 성장한 모습을 이해하고 함께 공유할 추억이 필요할 것이다. 아이들이 어릴 때 엄마로서 아이들의 보호자이자 가이드 같은 역할을 했다면, 이제는 성장한 아이들과 함께 걷는 인생 멘토가 되고 싶다. 돌아가신 어머니는 "훌륭한 부모가 되기 위해서는 자식을 떠나보내는 연습을 해야 한다."라고 자주 말씀하셨다. 아이들이 어릴 때는 내 품 안의 자식이지만, 커

갈수록 세상에 뛰어들 자유를 허용할 수 있는 용감한 부모가 되는 연습이 필요하다는 말씀이었을 것이다.

바람의 딸 한비야는 인터뷰에서 "나를 키운 몇 가지 키워드를 이야기한다면, 첫 번째가 세계지도, 두 번째가 산이에요. 아장아장 걸을 때부터 아버지가 저를 산에 데려가셨는데, 꼬마가 등산 다니는 경우가 흔치 않아 사람들의 관심을 한 몸에 받은 거예요. 그 과정에서 자존감이 높아졌고 자신이 사랑받는 존재라는 것을 알았죠."라고 말했다. 지도 밖으로 행군하겠다는 그녀의 꿈은 갑자기 시작된 것이 아니었다. 어릴 적부터 세계지도를 보고 자랐기 때문에 일어나야 할 일이 당연히 일어난 것일 뿐이다.

인생을 살면서 필요한 모든 기본 가이드는 6세 이전에 배운다. '식사하기 전에 손 씻기', '양치하기', '친구에게 양보하기', '어른에게 인사하기', '감사하다고 말하기'처럼 사회생활 원칙은 변함이 없다. 자존감이 높은 아이로 성장한 한비야도 특별한 교육을 받은 것이 아니다. 오히려 아버지와 함께 다닌 등산에서 교육이 시작되었다. 아버지와 딸의 사랑이 등산이라는 과정을 통해 공감을 이루며, 스스로가 소중한 존재임을 깨달은 것이다.

나도 그런 경험을 했다. 내가 초등학교 6학년 때의 일이다. 부산에서 살았던 나는 아버지와 둘이서만 그레이하운드 고속버스를 타고 서울로 여행하게 되었다. 아버지는 고속버스 안에서 나에게 "현아, 첫 가사가 뭐였지?"라고 일부러 물어보시며 '갈대의 순정'이라는 노래를 따라 부르게 했던 기억이 난다. 아버지가 바리톤 목소리로 부르시던 '갈대의 순정'을 따라 부르다 말고 나는 빨리 공책을 달라고 소리쳤다. 고속버스 창밖으로 보이는 코스모스 길은 어린 꼬마에게는 무지개길 같아 보였다. 나는 코스모스 길에 대한 느낌을 정신없이 적었다.

이때 쓴 글에 대해 까맣게 잊고 있던 어느 날, 아버지께서는 나에게 〈조선일보〉 글짓기 대회에 나의 글을 보내 상을 받게 되었다고 말씀하셨다. 이렇게 아버지와 함께한 고속버스 여행은 내 인생의 소중한 추억이 되었다.

아이들이 어른이 되어도 부모와 함께한 어릴 적 기억은 남는다는 것을 나는 잘 알고 있다. 인간의 가장 자연스러운 감정은 부모의 사랑이라 한다. 그렇다면 아이들과 나 사이의 기본적인 사랑은 '공감하는 마음'으로부터 시작될 것이다. 지금 나는 아이들과 얼마나 공감할까? 나는 아직도 그날들을 잊을 수 없다. 아들이 처음으로 이유식을 숟가락으로 받아먹던 날, 딸이 혼자 잠에서 깨어 아기 침대를 잡고 서 있는 모습을 보고 놀라 소리를 질렀던 날의 기억… 두 아이를 키우느라 잠이 부족해 항상 피곤했지만 매일 감사하고 또 감사했다.

이제 잘 자라 준 두 아이들에게 소중한 여행의 추억을 만들어 주고 싶다. 여행을 통해 성인이 된 아이들의 고민과 미래에 대해 함께 소통하고 싶다. 내가 이 세상에 없을 때 아이들에게 아름다운 인생을 함께 살았던 동행자로 기억되고 싶다. 최고의 여행을 선물한 부자엄마도 좋을 것 같다. 스스로를 귀하게 여기고, 다른 사람도 예의 바르게 존중하는 아이들로 성장하도록 키우고 싶다.

무한한 가능성과 잠재력을 가지고 있는 청춘들의 멘토 엄마로서 럭셔리 여행까지 선물한다면, 아이들에게 후한 점수를 받을 수 있을 것 같다. 14일간의 유럽여행으로 엄마의 명예를 다시 회복할 것이다.

05

외로운 어린이들의
엄마기업인 되기

나는 대학시절 저소득층 가정의 어린이들을 가르치는 교육 프로그램에 참여했었다. 무용교육의 프로젝트로 시작된 이 수업이 나에게는 가슴 아픈 경험으로 남아 있다.

아이들은 대부분 주어진 환경 때문에 자신이 남들과 다르다고 느끼는 것 같았다. 어린아이들이 벌써부터 그런 생각을 한다는 것이 너무나 안타까웠다. 그리고 시간이 갈수록 내 결심은 분명해졌다. 반드시 부자 기업인이 되어 어린이들의 교육 후원자가 되겠다는 꿈을 가슴에 새겨 넣었다.

지금까지 내가 선택한 여러 길에서 이 꿈이 빠진 적은 한 번도 없다. 다른 일을 했으면 더 좋은 혜택을 받을 수도 있었고, 더 빨리 원하는 결과를 만들 수도 있었다. 포기하기엔 아까운 기회들도 적지 않았다.

2005년쯤 웰빙 라이프스타일 붐이 사회 전반적으로 일어났다. 2000년 내가 한국에 처음으로 소개했던 '보디 메서드'에 대한 미디어의 관심도 커지기 시작했다. 당시 새로운 웰빙 시장에 진출하려고 하는 업체가 함께 일하자고 제안을 해 왔다. 의료기 회사와 가구 제작 회사는 사업계획서까지 보여 주며 100% 수익을 보장했다. 나는 이 모든 제안을 거절했다. 그럴 때마다 지인들은 "아직도 판타지 속에 살고 있다.", "돈의 가치를 모르니 고생을 사서 할 수밖에 없는 사람"이라며 입을 모았다.

사실 잘나가는 회사들이 제안한 좋은 조건에 응하지 않은 데는 이유가 있다. 현직에 있으면서 더 나은 조건 때문에 선뜻 직장을 바꾸는 것이 나의 도덕적 기준에 맞지 않았기 때문이다. 후회한 적도 있지만 이제는 당당하게 말할 수 있다. 나에게는 꿈이 있고, 그 꿈을 이루기 위해 흔들리지 않고 달려왔다는 것을. 나의 젊음을 바친 또 하나의 꿈을 반드시 이루겠다는 소망으로 1인 창업도 했다. 지금 내가 하고 있는 모든 활동은 이 꿈을 이루기 위한 튼튼한 기반이 될 것이다.

'세상의 외로운 어린이들이 공평한 교육 혜택을 받도록 해 주는 엄마기업이 되겠다.'

이것이 나의 꿈이자 기업인이 되어야 하는 이유다. 정말 행복한 꿈이지 않은가? 외롭고 약한 아이들에게 따뜻한 기업인 엄마가 있다면, 아이들은 자신을 작은 사람이라 여기지 않아도 된다. 사람들은 여전히 환상이라고 말하지만 나에게는 멋진 꿈이다.

'한 아이를 키우기 위해서 동네 전체가 함께 교육한다'라는 속담이 있다. 아직까지는 이 꿈을 이루기 위해 노력하는 단계다. 아이들이 빈부와 상관없이 재능을 키워 나갈 수 있는 교육 시스템을 만드는 그날까지 나는 최선을 다할 것이다. 아이들의 자긍심과 행복지수를 끌어올리는 따뜻한 여성 기업인이 될 것이다.

물론 실현하기 불가능한 꿈일 수도 있다. 정치가도, 대기업 회장도 아닌 1인 창업가로서 어떻게 모든 어린이들의 엄마가 될 수 있겠는가. 청춘도 아닌 인생 2막을 준비하는 사람이 이루기에는 큰 꿈이겠지만 괜찮다. 결과를 떠나 세상의 허약한 아이들의 엄마가 되기 위한 도전 자체가 의미 있기 때문이다.

나와 비슷한 세대의 사람들에게 꿈을 물으면 "그 나이에 아직도 꿈이 있어요?"라며 도리어 되묻는다. 간혹 직업을 대답하는 사람들도 있다. 나는 직업은 꿈을 실현하기 위한 도구일 뿐이라고 생각한다. 꿈은 가슴이 설레고 간절히 바라는 소망이다. 만약 지금 하고 있는 일이 가슴 설레고, 하고 싶어 죽을 지경일 정도라면 직업이 꿈일 확률이 높다.

나는 대학시절 봉사활동 프로젝트에 참여할 때 꿈과 직업을 명확하게 구분해 그렸다. 일이 힘들고 그만두고 싶을 때도, 멋진 기업가가 되어 세상의 아이들을 후원하기 위해 찾아가는 상상을 하곤 했다. 오드리 헵번처럼 어린이들을 돕는 상상을 하면, 아무리 힘들어도 다시 설레는 마음을 유지할 수 있었다.

오드리 헵번은 "돌아가 보라. 당신이 더 어렸을 때 당신을 행복하게 만들었던 것들을 찾아보라. 우리 모두는 돌아가서 자신이 사랑했던 것과 진실이라고 믿었었던 것을 찾아봐야 한다."라고 말했다. 이 말은 내가 '어린이들에게 사랑과 믿음에 대한 좋은 기억'을 만들어 주는 엄마가 되고 싶은 또 하나의 이유다.

지금 나에게는 어린이들을 더 빨리 도울 수 있는 힘이 생겼다. 간절한 꿈은 반드시 이루어진다는 것은 사실이다. 나의 꿈을 부정하는 사람들을 멀리하고 대신 서로의 꿈을 응원하는 꿈맥 친구들과 가까이하고 있다.

이제는 열정과 긍정으로 똘똘 뭉친 일상을 살고 있다. 나의 성공을 원치 않는 사람들 때문에 흔들리지도 않는다. 함부로 나의 꿈을 비판하거나 이룰 수 없는 꿈에 시간 낭비한다고 말하는 사람도 없다. 이제 그동안 이루고 싶었던 꿈을 더 빨리 실현시킬 수 있는 모든 준비를 하는 중이다. 이미 실현된 것도 세 가지 있다.

첫째는 책을 쓰는 기업인 작가가 되었고, 둘째는 많은 여성들이 더 큰 세상을 볼 수 있도록 돕는 강연가가 되었다. 셋째는 나 자신을 깊이 들여다보며 스스로 만든 한계를 넘어섰다. 한순간 반짝하는 열정보다 나의 지속적인 열정이 승리한 것이다. 여성 기업가로, 세상 아이들의 엄마로 나아갈 모든 활동에 불이 붙었다.

통쾌한 승리 덕분에 요즈음 나는 운전할 때도 흥얼거리며 어깨춤을 춘다. 그 모습을 보고 딸은 "엄마, 내가 딸이야? 엄마가 내 딸이야? 20대인 나도 가만히 있는데…"라고 말하고는 옆 차에서 본다며 의자에 깊숙이 몸을 숨긴다. 그러면서도 페이스북에 포스팅할 엄마 사진을 열심히 찍는 딸의 표정은 행복해 보인다. 나는 세상의 모든 외로운 아이들이 내 딸처럼 행복을 누릴 수 있는 그날까지 최선을 다하리라 다짐한다.

하고 싶은 일을 언제 시작할지 생각만 하고 있었다면 이런 행복이 오지 않았을 것이다. 이미 모두 갖추고 시작한다면 인생에 무슨 의미가 있겠는가. 단 한 번뿐인 인생에서 다른 사람도 행복하게 만들고자 능력을 키우려 노력하는 도전 자체가 아름답다. 이 꿈을 이루기 위해 열심히 산다면 만약 꿈을 완벽하게 이루지 못한다 해도 후회는 없을 것이다. 다음 세대를 위해 좋은 꿈을 물려주는 것도 멋진 일이기 때문이다.

나는 인생의 마지막까지 아름다운 사랑을 실천한 여성 기업가로 많은 사람들의 기억 속에 남고 싶다.

Chapter 2

사람들의 인생을
바꿔 주는 멘토 되기

———— 이혜미

이혜미

'호주 워홀릭연구소' 대표, 호주 워킹홀리데이 멘토, 자기계발 작가, 강연가, 꿈 동기부여가

오로지 꿈과 열정을 무기로 5년 이상 재직 중이던 은행에 사표를 던지고 호수로 워킹홀리데이를 떠났다. 1년 후 돌아와 '호주 워홀릭연구소'를 설립하고 워킹홀리데이를 꿈꾸는 사람들을 코칭하고 있다. 꿈 동기부여가로서, 당당하게 꿈을 펼칠 젊은이들의 멘토로서 '꿈(을 실행·실현)하라' 프로젝트를 기획 중이다. 저서로는 《되고 싶고 하고 싶고 갖고 싶은 47가지》가 있으며, 호주 워킹홀리데이 생활을 생생히 담은 개인저서를 출간할 예정이다.

E-Mail dreamhara@naver.com
Blog http//blog.naver.com/dreamhara
Cafe http//cafe.naver.com/whisperedwish

4개 국어
완벽히 구사하기

🔑

대입 수험생 시절 내 책상 한쪽에는 나의 롤모델인 한비야의 《한비야의 중국견문록》이 항상 놓여 있었다. 공부를 하다가 집중이 안 될 때마다 읽고 또 읽어서 거의 외우다시피 했다. 저자가 사계절을 중국 베이징에서 생활하며 온몸으로 문화를 체험하고 중국어를 배운 이야기에 왠지 모르게 가슴이 뛰었다. 나도 언젠가는 중국에 가고 싶다는 생각을 했다. 그래서 버킷리스트에 '한비야처럼 중국 가서 중국어 마스터하기'를 적어 놓았다. 그리고 중국에서 자유자재로 중국어를 하며 즐겁게 생활하는 나의 모습을 상상했다.

꿈을 꾸고 생각하고 쓰면 정말 이루어지는 것일까? 내 생애 첫 해외 경험은 중국 하문이었다. 대학에서 중국통상학을 전공하던 나에게 중국 하문대학교에서 교환학생으로 1년간 공부할 수 있는 기회가 주어진 것이다. 오랜 꿈이 이루어졌다고 생각하니 너무나 기뻤다.

하지만 기쁨도 잠시, 중국어 생초보였던 나는 도착하자마자 입도 뻥끗하지 못하는 벙어리 신세가 되었다. 심지어 생필품 구입에 필요한 대화조차 할 수 없어 답답할 때가 한두 번이 아니었다. 중국어 병음도 몰라 전자사전의 한자를 보이는 대로 그려 가며 손짓 발짓을 총동원해 설명해야 했다. 생존을 위해서는 중국어를 공부할 수밖에 없었다.

그렇게 시작된 내 생애 첫 중국어 공부는 일상생활 속에서 이루어졌다. 수업시간에 배우는 딱딱한 중국어보다는 음식점, 마트, 혹은 길거리에서 물건 값을 흥정하며 배우는 생생한 언어가 뇌리에 깊이 남았다.

언어를 알면 그 나라의 문화와 삶이 보인다. 외국어를 배우는 것은 단순히 언어의 학습뿐만 아니라 그 나라의 문화와 생활까지 경험할 수 있는 경이로운 일이다. 나 또한 중국어를 배우다 보니 중국 사람이 보이기 시작했다. 그들의 삶을 좀 더 자세히 들여다보고 싶었다. 그렇게 중국인들과 어울리며 살아 있는 중국어를 배웠고 진짜 중국을 알아 갈 수 있었다.

대부분의 한국 사람들은 언어를 문법적으로만 학습한다. 그래서 10년 넘게 외국어를 공부해도 기본적인 말 한마디 제대로 하지 못한다. 물론 문법에 맞게 말하는 것도 필요하다. 하지만 나의 경우는 실생활에서 쓰는 말들을 듣고, 모르면 묻고, 그 문장들을 통째로 외워서 반복적으로 사용하는 방법으로 언어를 익혔다. 언어는 나에게 정복의 대상이 아닌, 사랑에 빠진 상대와도 같았다. 좋아서 계속 알아 가고 싶고 자꾸 말하고 싶고 보고 싶은 애인처럼 말이다. 단지 중국어뿐만이 아니다. 1년 전 호주로 워킹홀리데이를 갔을 때도 마찬가지였다. 영어를 배우는 것에 흥미와 즐거움이 있고, 무엇보다 언어를 사랑하는 마음으로 빠져들었기에 알아갈수록 행복하고 설레었다.

　외국어 능력은 경쟁력이다. 물론 나는 외국어가 좋아서 즐기며 배우다 보니 어느 순간 남들과 차별화된 나만의 스펙이 되었다. 사실 나는 호주에 갈 당시 당연히 영어만 쓸 것이라 생각했지 중국어를 쓸 일이 있을 줄은 생각도 하지 못했다. 하지만 호주 어디를 가든 중국인들로 넘쳐 났고, 중국의 영향력을 호주에서도 몸소 체감할 수 있었다. 그만큼 중국어를 할 줄 아는 사람을 필요로 하는 곳이 많았다.

　나는 호주에서 보석가게 매니저로 일했다. 고가의 보석, 귀금속 제품을 취급하는 가게다 보니 부유한 중국, 대만, 홍콩 고객들이 주 고객층이었다. 내가 단지 영어만 할 줄 알았다면 아마 매니저 자리까지 오를 수는 없었을 것이다. 특히 중국인 고객들은 자신이 영어를 할 수 있어도 중국어로 응대하는 직원을 선호했다. 그랬기 때문에 중국인 고객들은 자연히 나를 찾아오게 되었고, 고정 VIP 고객까지 만들 수 있었다. 영어는 물론, 중국어로 고객을 응대하며 세일즈로까지 연결할 수 있었기에 보스의 신임을 얻으며 매출에도 큰 기여를 할 수 있었다.

사실 호주에 워킹홀리데이를 갔을 당시 멜버른이라는 도시의 특성상 유러피언 워홀러들이 많았다. 아시안보다 영어도 외모도 뛰어난 그들과 경쟁해야 했고 번번이 그들에게 밀려 두 번이나 갑작스레 일자리를 잃기도 했다. 그런 힘든 상황에서 나만의 경쟁력은 무엇일지 많이 고민했다. 그 과정에서 나는 중국어와 영어를 동시에 구사하는 워홀러로서 특유의 센스와 한국인의 성실함을 가미해 나의 가치를 끌어올렸다. 그렇게 일터에서 능력을 인정받으며 점점 나의 입지를 굳힐 수 있었다.

호주 현지 아시안들 사이에서도 한류가 엄청난 인기였다. 그들은 한국인이 입은 옷, 신발, 그리고 특히 화장품에 관심이 많았다. 당시 나의 화장법과 패션 스타일을 유독 관심 있게 보아 오던 근처 한국 화장품 가게의 중국인 사장이 있었다. 그는 나에게 한국 화장품 공급을 의뢰해 왔다. 내가 사용하는 한국 화장품, 메이크업 제품 전부를 공급받고 싶다는 것이었다. 수익이 크지는 않았지만 나만의 사업을 시작할 수 있다는 사실에 매우 기뻤다. 내가 한국인이라는 점, 그리고 무엇보다도 영어를 전혀 하지 못하는 중국인 사장과 중국어로 소통할 수 있다는 것은 큰 메리트였다. 내가 중국어를 하지 못했더라면 절대 잡을 수 없었던 기회였다. 이렇듯 나는 제2, 제3의 언어를 통해 생각지 못했던 새로운 기회를 잡을 수 있었다.

나는 언어를 구사할 수 있는 만큼 할 수 있는 일이 많아진다는 사실을 깨달았다. 특히나 외국에서는 한국어만 구사할 수 있을 때 할 수 있는 일이 한두 가지라고 한다면, 영어를 구사할 수 있을 때는 몇 배 더 많은 일을 할 수 있게 된다. 거기에 중국어까지 할 수 있다면 남들보다 몇 배 더 많은 급여를 받으며 인정받게 된다. 일적인 부분을 떠나서 그 나라의 언어를 구사함으로써 그 나라 사람들과 친밀한 관계를 유지할 수 있게 된다. 그런 점들로 인해 인간관계가 풍요롭게 되고 온전히 그들의 삶 속에서 살아갈 수 있는 원동력을 얻게 된다.

앞으로의 목표는 좀 더 완벽하게 영어와 중국어를 마스터하는 것이다. 물론 중국에서 1년, 호주에서 1년 동안 생활하며 많이 배웠고 향상된 영어와 중국어 실력을 갖추긴 했다. 하지만 언어는 잠시만 쉬어도 금방 잊어버린다는 점을 기억하고 꾸준히 공부해 좀 더 완벽히 갈고닦고자 한다. 호주에서 알게 된 미국인, 호주인,

중국인 친구들과 꾸준히 연락하며 관계를 유지하고 소통하는 것도 언어 학습의 좋은 방법이라고 생각한다.

또한 스페인어에도 도전해 보고 싶다. 호주 워킹홀리데이 생활을 하면서 만난 친구들 가운데 멕시코, 콜롬비아, 아르헨티나 등 남미 출신 친구들이 많았는데 그들은 모두 스페인어를 모국어로 사용했다. 그전까지 나는 스페인어는 단지 스페인에서만 쓰는 언어라고 생각했었다. 하지만 그들과 친구가 되면서 비로소 그 큰 영향력을 실감할 수 있었다. 영어, 중국어 다음으로 사용자가 많은 언어가 바로 스페인어다. 무엇보다도 나는 스페인과 라틴 아메리카를 여행하고 싶다. 스페인과 라틴 아메리카 사람들 특유의 정열적이고 낙천적인 기질이 좋다.

나는 한때 동호회 활동까지 하며 살사에 푹 빠져 지내던 때가 있었다. 살사와 탱고의 본고장 쿠바와 아르헨티나의 어느 거리에서 신나게 살사음악에 몸을 맡기고 싶다. 그리고 내가 사랑해 마지않는 커피의 본고장 콜롬비아에서 향기로운 콜롬비안 커피와 함께 아침을 맞이하고 싶다. 스페인의 바르셀로나 구석구석을 거닐며 천재 건축가 '가우디'의 숨결을 느껴 보고 싶다. 스페인어를 구사하게 되면 이 모든 것은 좀 더 깊이 있는 이해와 감동으로 다가올 것이다.

나에게 있어 언어란 자유로움과 즐거움, 행복을 선사해 주는 매개체다. 그런 생각으로 대하기 때문에 남들보다 부담 없이 습득할 수 있었고, 그만큼 빠르고 어렵지 않게 다가갈 수 있었다고 생각한다. 앞으로 4개 국어를 완벽하게 구사하면서 사업, 여행, 소통에서 자유로운 내가 되고 싶다.

02

끊임없이 책 쓰는
현역 작가로 살아가기

　　　　　　　　　　　　　얼마 전 광화문 교보생명 컨벤션
홀에서 있었던 곽정은 작가의 출간 기념 독자와의 강연회에 참석
했다. 적어도 200명은 넘어 보이는 독자들이 넓은 강연장을 가득
메웠다. 엄청난 호응과 박수를 받으며 등장한 작가는 2시간이 넘
도록 진솔하고 소신 있는 자신의 생각들을 독자들과 나눴다. 강
연이 진행되는 내내 무언가 내 안에서 뜨겁게 끓어오르는 것을
느꼈고, 뛰는 가슴을 진정할 수 없었다.

　그 이유가 무엇일까 생각해 봤다. 나는 평소 작가의 생각을 생
생히 마주할 수 있는 작가 강연회를 자주 다녔다. 내가 좋아하는
작가의 강연회라면 제주도라도 단숨에 달려갔다. 하지만 그저 독
자의 입장에서 작가를 만나기 위해 참여한 것이었다.

그러다 이제는 2권의 공저와 개인저서의 초고를 집필하는 신인 작가의 입장에서 미래의 내 모습을 상상해 볼 수 있는 자리가 된 것이다. 강연장의 전반적인 분위기, 강연 자료의 질적 수준과 강연의 내용 등은 물론이거니와, 작가의 의상, 동작, 독자를 대하는 매너까지 하나하나 세밀하게 관찰하고 분석했다. 내일 당장 강연회를 하는 작가의 마음으로 철저히 시각화했다. 열혈 독자였던 내가, 그저 독자로만 살 줄 알았던 내가 이제는 강연을 하는 작가를 꿈꾸고 있다. 그리고 그 꿈은 이루어지고 있다. 감격스럽고 행복한 하루하루다.

어릴 적, 부모님께서는 방과 후나 주말에 동생과 나를 근처 도서관으로 데려가 주셨다. 책과 친해지기를 바라셨던 부모님 덕분에 나는 다양한 종류의 책을 접할 수 있었다. 소설로 독서에 재미를 붙였고, 세계 문학, 한국 문학, 자기계발서, 에세이 등 다양한 장르를 접하며 거대한 책 속 세계를 실감했다. 자연스레 독후감 발표 대회, 각종 백일장, 글짓기 대회에 참가해 여러 번 수상했다. 하지만 여전히 작가라는 직업은 나와는 거리가 먼, 그저 허황된 꿈에 불과하다는 생각을 하며 살아왔다. 글을 쓰고 싶고, 작가가 되고 싶은데 그 방법을 알지 못해 항상 답답했다. 어디 물어볼 데도 없어서 막막하기만 했다.

나는 작년에 1년 동안 호주에서 생활했다. 호주에서는 한국어로 된 책을 구할 수가 없어서 가지고 갔던 책 몇 권을 제외하고는 거의 책을 읽지 못했다. 독서에 목말라 있던 나는 귀국한 뒤 거의 매일 광화문 교보문고로 출근하다시피 했다. 하루 종일 책 속에서 살았지만 질리지 않았다. 오히려 책에서 에너지를 얻어 더욱 힘이 났다.

그러던 어느 날, 어김없이 교보문고로 출근해 자기계발서 코너를 쭉 훑어보고 있었다. 그때 내가 가장 좋아하는 분홍색의 표지가 시선을 사로잡았다. 아름답고 당당한 모습의 작가 사진을 보고 홀린 듯 《나는 블로그 쇼핑몰로 월 1,000만 원 번다》라는 책을 집어 들었다. 단숨에 빨려 들어가듯 전부 읽어 내려갔다.

책의 저자인 허지영 작가는 베스트셀러 작가이자 성공한 1인 기업가가 되어 현재는 월 1,000만 원의 고수익을 올리는 CEO, 강연가, 책 쓰기 코치로서 제2의 인생을 살고 있다. 책에는 허지영 작가의 블로그 쇼핑몰 성공기와 값진 운영 노하우가 가득 담겨 있었다. 하지만 무엇보다도 나의 흥미를 끌어당긴 것은 평범한 주부였던 그녀가 〈한책협〉이라는 곳에서 책 쓰기를 배워 작가의 꿈을 실현하고 책 쓰기 코치로도 활동하고 있다는 점이었다. '그래, 이곳이야! 이곳이라면 나도 책 쓰는 법을 배워서 작가가 될 수 있을 거야!'라는 확신이 들었다. 그렇게 나는 〈한책협〉에서 주최하는 〈1일 특강〉에 참여하게 되었다. 그날은 제2의 인생, 작가라는 꿈에 발을 들여놓은 날이었다.

〈한책협〉에서 강조하는 "성공해서 책을 쓰는 것이 아니라, 책을 써야 성공한다."라는 문장에 짜릿한 전율을 느꼈다. 나는 왜 여태껏 책은 대단한 사람, 큰 업적을 세운 사람들만 쓰는 것이라고 생각했을까? 거창한 스토리가 있어야 책을 쓸 수 있다는, 어리석은 생각을 했던 내가 부끄러웠다. 개개인의 삶은 모두 다르고 어느 누구도 다른 사람과 같은 삶을 살지 않는다. 그렇기 때문에 나의 삶의 전 과정은 어떤 이에게는 매우 새롭고 흥미로운 이야기가 된다는 것이다.

나는 1년 동안 호주에서 워킹홀리데이 생활을 한 것을 남들다 경험하는 흔한 일이라고 생각했다. 하지만 호주로 워킹홀리데이를 가 본 사람은 우리나라 전체 인구 중 극히 일부에 불과하다. 또한 나의 생생한 호주 워킹홀리데이 경험담은 앞으로 나와 같은 길을 가려고 하는 이들에게 나아갈 방향을 제시해 줄 수도 있다. 그들에게 좀 더 쉽고 빨리 갈 수 있게 안내해 주는 내비게이션과 같은 역할을 하고 싶다.

몇 년 전 나는 정신적, 육체적으로 많이 힘들었다. 돌이켜 보면 회사와 집안 문제로 인한 극심한 스트레스로 우울증에 시달렸던 것 같다. 그때 내 곁에는 항상 책이 있었다. 책을 통해 나를 지탱할 수 있는 힘을 얻었다. 책 속 누군가의 삶에 울고 웃으며 용기와 희망을 얻었고, 자기계발서를 통해 다시 일어서 세상을 살아갈 동기부여를 받았다. 작가들은 책을 통해 내 마음을 어루만져 주고 따뜻한 위로를 주었다. 그 영향력을 온몸으로 느끼며 점차 긍정적으로 바뀌어 가는 나의 모습이 참 마음에 들었다.

나 역시 내 생각과 삶이 담긴 책을 통해 선한 영향력을 퍼뜨릴 수 있는 작가가 되고 싶다. 많은 사람이 아니어도 상관없다. 단 몇 명이라도 나의 책으로 인해 힘든 상황을 극복하고, 꿈을 꿀 수 있고, 도전할 수 있다면 그것만으로도 행복할 것이다.

사실 처음 책을 쓰고자 했을 때는 그저 책 한 권을 출간하는 것이 목표였다. 그마저도 너무 어려운 일생일대의 과제로 여겨졌다. 이제는 다르다. 평생 글을 쓰는 현역 작가의 삶이 얼마나 값진 것인지를 알게 되었기 때문이다. 첫 번째 저서가 출간되면 다음 저서를 준비하고 끊임없이 책을 쓰는 현역 작가로 살아가고 싶다.

글을 쓴다는 것이 쉬운 일은 아니다. 자기 자신과의 싸움이자, 기나긴 마라톤을 달리는 것과 같은, 인내심을 테스트하는 과정의 연속이다. 하지만 그것을 이겨 낸 이후에 펼쳐질, 이전과는 다른 작가로서의 삶은 금액으로 환산할 수 없을 정도의 큰 가치를 지닌다.

나에게 앞으로 어떤 작가가 되고 싶으냐고 묻는다면 '차기작이 기대되는 작가'라고 말하고 싶다. 다음 책에서는 어떤 이야기를 들려줄지 더더욱 궁금해지는 작가 말이다. 적어도 1년에

2권은 출간하고 싶다. 어떤 극한의 상황이 닥쳐온다고 해도 게으름 부리지 않고 항상 책 쓰는 삶을 살고 싶다.

학창시절 나의 롤모델이었던 한비야 그리고 그녀의 저서는 내 인생의 멘토 역할을 했다. 한비야의 많은 저서 중《바람의 딸 걸어서 지구 세 바퀴 반》은 나를 항상 꿈꾸며 살아가는 사람으로 만들어 주었다. 또한《지도 밖으로 행군하라》는 두려움 없이 미래에 도전하는 사람으로 만들어 주었다. 나는 지금 이 순간 또 다른 꿈에 도전하고 있다. 가슴 뛰는 작가의 삶, 베스트셀러와 스테디셀러 작가의 삶, 오래도록 독자들의 사랑을 받는 작가로서의 삶 말이다.

나는 '내가 꿈을 이루면, 나는 또 다른 누군가의 꿈이 된다'라는 말을 좋아한다. 내가 한비야의 책을 읽고 선한 영향력을 받으며 작가의 꿈을 꾸었듯, 누군가는 나를 보며 작가의 꿈을 꾸었으면 좋겠다. 끊임없이 책을 쓰는 작가가 되어 강연을 하고, 독자와 소통하며 누군가의 인생을 바꾸어 줄 수 있는 멘토가 되는 것이 나의 소명이다.

03

홍콩에 본사를 둔
글로벌 기업의 CEO 되기

한 여성이 흰색 턱시도 재킷과 슬림하게 떨어지는 강렬한 오렌지색 팬츠를 입고 호피무늬 스틸레토 힐을 신은 채 자전거를 타며 사무실을 누빈다. 영화 〈인턴〉의 한 장면이다. 앤 해서웨이가 연기한 주인공은 뉴욕에서 벤처 온라인 패션 쇼핑몰을 창업한 지 1년 반 만에 220명의 사원을 거느리게 된 멋진 여성 창업가다. 사무실에서 이동하는 시간조차 아까워 자전거를 타고 고객의 불만사항을 직접 해결하는 등 열정과 패기가 넘친다.

영화를 보는 내내 가슴이 뛰고 뜨거운 열정이 불타올랐다. 어느새 나는 주인공과 나를 동일시하며 미래의 내 모습을 영화에서 찾고 상상했다. 그리고 '나도 꼭 5년 이내에 글로벌 기업의 CEO

가 될 거야!'라고 다짐했다.

그 꿈의 무대는 홍콩이다. 홍콩을 처음 간 것은 지금으로부터 10년 전인 중국 교환학생 시절이다. 내가 살던 중국 하문에서 홍콩까지는 버스로 7시간 정도 걸렸다. 중국에서는 매우 가까운 거리였다. 춘절 휴가를 맞아 친구들과 함께 야간버스를 타고 무작정 홍콩으로 향했다. 아무런 정보도 없이, 심지어 숙소도 예약하지 않은 채 일단 떠났다. 영화 〈첨밀밀〉에 나오는 청킹맨션을 실제로 보고 싶었기 때문이다.

친구들을 이끌고 침사추이에 있는 청킹맨션으로 가 그곳에 숙소를 잡았다. 작고 허름했지만 진정한 홍콩을 느낄 수 있는 곳이었다. 게다가 영화의 배경이니 마치 내가 장만옥이 된 것만 같았다. 그렇게 시작된 나의 첫 홍콩 여행은 나를 홍콩에 푹 빠져들게 만들었다.

홍콩은 오묘한 매력을 지니고 있다. 중국문화를 바탕으로 하고 있으면서 무려 155년 동안 영국의 식민지였기 때문에 서구문화가 적절히 잘 혼합되어 있다. 그래서 언어 또한 중국 보통화, 광동어, 영어 이 세 가지를 혼용한다. 특히나 홍콩 섬에는 다양한 글로벌 기업의 본사 혹은 지사들이 즐비해서 높은 빌딩숲을 바쁘게 오가는 멋진 커리어 우먼들을 볼 수 있다. '언젠간 꼭 홍콩에서 일하고 싶다'라는 생각이 들었다. 그렇게 시작된 나의 홍콩사랑은 지금까지도 이어져 거의 매년 홍콩을 방문하고 있다. 이제는 눈을 감고도 홍콩 지리를 알 수 있을 정도다. 질릴 법도 한데 갈수록 새롭고 더 좋아진다.

나는 대학시절 중국 통상학, 경제학을 전공했다. 자연스레 거대한 중국시장의 가능성과 잠재력을 느낄 수 있었다. 교환학생으로 중국에 가기 전까지는 '중국'이라 하면 부정적인 이미지가 먼저 떠올랐다. 중국에서 1년을 살아야 한다는 사실에 막막하고 불안하기만 했다.

막상 중국 하문에 도착했을 때 나는 깜짝 놀랐다. 하문은 중국 동부해안 경제특구이자 관광도시로서 너무도 깔끔하게 잘 정돈되어 있었으며 경제적으로 매우 발전한 도시였다. 특히 상해를 방문했을 때는 더욱더 놀라움을 금치 못했다. 서울보다 훨씬 발전된 대도시의 모습에 나는 내가 그동안 우물 안 개구리였다는 생각이 들었다. 특히나 상해 '치푸루'의 거대한 의류시장은 그 규모를 가늠할 수조차 없었다.

중국에서 생활하는 1년 동안 중국의 어마어마한 경제규모에 놀랐고 거대한 소비시장인 중국의 가능성을 엿볼 수 있었다. 한국의 이름 없는 지방대학에 다니던 나의 좁은 시야는 중국대륙을 만나면서 드넓게 확장되었다. 그렇게 내 가슴속에 글로벌 CEO의 꿈이 차곡차곡 쌓여 가기 시작했다.

내가 글로벌 CEO를 꿈꾸게 된 이유는 단지 영화 속 화려한 여성 CEO의 모습이 좋아 보여서는 아니다. 1인 기업가로서 회사를 설립하고 어느 정도 위치까지 회사를 키운다는 것이 결코 쉬운 일이 아니라는 것도 잘 알고 있다. 시행착오도 많이 겪을 것이고, 혼자 힘으로는 감당하지 못할 업무량으로 다른 사람들에게 도움을 요청해야 할 때도 있을 것이다. 하지만 나의 한계에 도전해 보고 싶다. 외국에서 회사를 설립하고 키워 나가는 것이 쉽지는 않을 것이다. 하지만 나는 한국에 안주하기보다는 드넓은 세계에서 어려움을 극복해 나가며 좀 더 다양한 국적, 성향을 가진 사람들과 만나서 소통하고 싶다.

작년에 1년 동안 호주에서 생활할 때 다양한 국적의 외국인들과 함께 일하며 친구가 되었다. 그전에는 은행에서 6년간 일하며 한국의 기업문화에 익숙해져 있었다. 그러다 외국에서 일해 보니 모든 것이 달랐다. 처음에는 어려움도 많았고, 어떻게 대처해야 할지 몰라서 답답할 때도 있었다. 그러다가 일자리를 잃기도 했다. 왜 해고되었는지 그 이유조차 알 수 없어 속이 상했다. 한참 뒤에야 내가 너무 겁을 먹고 그들에게 진심으로 다가가지 못했기 때문이란 것을 깨달았다.

그 뒤로 마음의 문을 열고 진심으로 대하며 차차 적응하다 보니 다른 인종, 다양한 국적의 사람들과 함께 일하는 것이 매력 있게 다가왔다. 많은 사람들을 만나고 소통할수록 나의 세계가 점점 커지고 의식이 성장했다.

나는 이런 경험을 바탕으로 다양한 인종과 국적의 직원들을 채용할 것이다. 다양한 국적의 인재들과 함께 홍콩 본사를 기점으로 전 세계로 진출할 예정이다. 또한 인종, 국적, 나이, 성별을 따지지 않고 모두가 평등하며 행복하게 일할 수 있는 기업문화를 만들고 싶다. 편견 없이 모두를 이해하고 다양성을 존중하는 분위기를 지향할 것이다. 개인 사무 공간에서 벽을 보고 일하는 사무실이 아닌, 큰 공간 하나에 모두에게 오픈된 사무실을 만들 것이다. '우리 모두가 함께한다'라는 공동체 의식으로 든든한 울타리를 만들어 줄 것이다. 직원들이 편히 휴식할 수 있는 공간에는 언제나 먹을거리를 풍성하게 구비해 놓을 것이다. 수시로 맛있는 커피와 차를 마실 수 있도록 사무실 한편에 작고 예쁜 카페 공간을 꾸미고 싶다.

나는 끊임없는 자기관리로 직원들에게 존경받는 리더가 되고 싶다. 무엇보다도 직원들의 고충이 무엇인지 항상 열린 마음으로 귀 기울일 줄 아는, 인간적인 면을 지닌 사람 말이다. 직원들이 말하기 어려운 것들을 굳이 말하지 않아도 눈치껏 알아보는 센스 또한 갖추고 싶다. 열심히 일하는 직원의 등 뒤로 살며시 다가가서 어깨를 주물러 주며 응원하는 리더, 진정으로 멋지지 않은가! 그렇게 한 명 한 명 사랑하는 마음으로 감싸 안는 따뜻한 리더가 이끄는 회사는 잘될 수밖에 없다. 모든 일은 인간관계가 기본이기 때문이다.

스페인어에 "Sin prisa, sin pausa."라는 말이 있다. 서두르지 말되 멈추지 말라는 뜻으로, 꾸준히 그리고 묵묵히 일을 해 나가는 것을 말한다. 다급하게 추진한다고 해서 그 일이 빨리 이루어지는 것은 아니다. 일의 성패는 항상 있는 일이다. 실패를 발판 삼아 묵묵히 준비하는 자세가 중요하다.

나는 당장 꿈을 이루고 싶다는 조급한 마음을 버릴 것이다. 지금 이 순간순간이 모이고 모여 나의 인생, 나의 미래가 된다고 생각한다. 한 조각이라도 없으면 작품을 완성할 수 없는 퍼즐처럼 모든 조각, 모든 순간이 똑같이 소중하다. 나는 오늘도 미래의 꿈, 그 멋진 작품을 완성하기 위해 한 조각 한 조각 퍼즐을 맞춰 나가고 있다.

"사랑하고 일하고, 일하고 사랑하라. 그게 삶의 전부다."

프로이트의 말이다. 내가 좋아하는 일을 하며 살 수 있다는 것은 큰 기쁨이다. 나는 오늘도 사랑하는 일을 하면서 전 세계를 무대로 활약하는 나의 모습을 상상해 본다.

TV, 라디오 출연하고, TED에서 강연하기

호주 멜버른 시내 중심의 스완스톤 스트리트에 위치한 맥스 와츠(Max Watt's) 공연장을 가득 메운 서양인들의 박수갈채를 받으며 한 동양인 개그맨이 등장한다. 그는 유창한 영어로 자신을 한국에서 온 유명 개그맨이라고 소개하고, 이번이 생애 첫 해외 영어공연이라고 말한다. 재치 있는 입담으로 성공적인 원맨쇼를 마친 그는 관객들의 기립박수를 받고 퇴장한다. 그는 바로 한국의 대표 개그맨 '김영철'이다. 그는 전 세계에서 영어로 개그공연을 하겠다는 꿈과 목표를 품고 10년 동안 꾸준히 영어공부를 하며 실력을 갈고닦았다고 한다. 그리고 그날, 호주 멜버른에서 그 꿈의 첫발을 내디딘 것이다.

평소 그의 팬이었던 나는 2016년 4월, 내가 살던 멜버른에서 열리는 국제 코미디페스티벌에 그가 참가한다는 사실을 알게 되었다. 공연을 보는 내내 감동이 일었고, 같은 한국인이라는 사실에 자부심을 느꼈다. 무엇보다도 호주인들 앞에서 영어로 공연을 하고 공감을 얻어 냈다는 사실에 큰 자극을 받았다. 나는 공연이 끝나고 그를 만나 함께 사진을 찍고 사인을 받으며 감사의 인사를 건넸다.

"오늘 감동적인 공연 잘 보았습니다. 너무 잘하셨고 멋집니다. 당신을 보며 저도 큰 동기부여를 받았습니다. 저도 당신처럼 항상 꿈을 꾸고 꼭 이루겠습니다. 항상 응원합니다!"

"공연 보러 와 주셔서 감사합니다. 꼭 혜미 씨의 꿈을 이루길 바랄게요!"

나는 집으로 돌아오면서 마음속으로 '전 세계에서 영어로 강연하는 강연가가 되어야지!'라고 다짐했다. 그 꿈을 이루기 위해선 먼저 한국에서 인정받는 강연가가 되어야 할 것이다.

나는 은행 재직 당시 '멘토 클럽'이라는 사내 동아리 활동을 하며 사내 동아리 콘퍼런스에 매년 참가했다. 1년 동안 동아리 활동을 하며 맞닥뜨렸던 에피소드를 중심으로, 느끼고 생각한 것들을 전 직원들에게 전달하는 자리였다.

처음 무대에 올랐던 그날을 나는 잊을 수 없다. 생애 처음으로 큰 무대에 올라 수많은 사람들 앞에 서서 발표를 한다는 사실이 매우 부담스러웠다. 모든 눈들이 나를 향하고 있었다. 금방이라도 주저앉을 듯이 다리가 후들거리며 식은땀까지 났다.

그때, 이 순간을 위해 준비한 시간들이 주마등처럼 스쳐 갔다. 퇴근한 뒤에도 팀원들과 모여 발표 준비를 했다. 두세 달 동안 주말도 반납해 가며 오직 지금 이 순간을 위해 준비하고 또 연습했다. 애착을 가지고 열심히 준비했다. 이렇게 망가뜨릴 수는 없었다. 마음을 가다듬고 '지금 이 순간, 무대를 즐기자!'라는 생각으로 발표를 시작했다. 마음이 평온해지면서 이야기가 술술 풀려 나가기 시작했다. 차차 분위기에 적응하며, 나는 진정으로 무대를 즐기고 있었다. 진심이 담긴 내 이야기에 청중들은 감동했고 나의 표정과 말 한마디 한마디에 반응해 주었다. 경험해 보기 전에는 느낄 수 없는 큰 희열이었다.

그렇게 나는 첫 사내 콘퍼런스에서 최우수상을 수상하며 일본 해외연수 포상까지 거머쥐었다. 그다음 해의 콘퍼런스에서도 2위를 수상하면서 여태껏 알지 못했던 나의 능력을 인정받으며 스스로를 발견했다. 나에게 이런 끼와 재능이 있었다니… 믿을 수 없었다.

그 후 지점의 서비스 교육을 담당하는 CS 리더는 줄곧 내 차지가 되었다. 사람들 앞에 나서서 나의 생각과 지식을 전달하며 소통할 때, 그들이 나를 바라보는 눈빛에서 또 다른 긍정의 에너지를 얻는다. 무엇보다도 무대에 서서 이야기를 하는 것이 너무 행복하다. 나의 이야기를 듣는 청중들을 바라볼 때의 가슴 뛰는 설렘을 잊지 않고 계속 느끼고 싶다. 이러한 나의 경험과 열정을 바탕으로 TV와 라디오에 출연하는 작가이자 강연가가 되는 것이 또 다른 목표다.

나는 때로 잔잔한 음악을 틀고 영상을 찍는다. 눈이 오는 창밖 풍경을 배경으로 차분한 목소리로 멘트를 시작한다.

"안녕하세요. 〈꿈꾸는 라디오〉 DJ 이혜미입니다. 눈이 내리는 겨울밤, 2017년 새로운 한 해가 시작되었습니다. 새해에는 모두들 어떤 계획을 세우셨나요? 계획을 세우는 것보다 중요한 것은 바로 실천하는 것이죠. 작심삼일로 끝나는 수많은 계획을 세우기보다는 사소한 계획 하나라도 지금 당장 실행해 보세요. 모두의 꿈이 이루어지는 한 해가 되었으면 합니다. 눈이 내리고 춥고 바람이 불지만, 지금 이 순간, 따뜻한 차 한 잔과 잔잔한 음악으로 행복한 새해를 맞이하시길 바랍니다. 오늘의 첫 곡입니다. 인순이의 '거위의 꿈' 들려 드릴게요."

혼자 신이 나서 마치 라디오 DJ가 된 것처럼 멘트를 마치고는 친구들에게 전송한다. 재미있게 들었다는 칭찬에 어깨를 으쓱하며 행복한 미소를 짓는다. 나는 학창시절 잠들기 전까지 라디오를 품에 끌어안고, 카세트테이프에 녹음을 해 가며 듣던 애청자였다. 그래서인지 항상 '언젠가는 나도 꼭 라디오, TV에 출연하는 사람이 되어야지! 그래서 더 많은 이들과 소통하며 선한 영향력을 미칠 수 있는 사람이 되고 싶다'라고 생각해 왔다.

나는 매일 아침 향기로운 커피를 마시며 TED 강연을 보는 것으로 하루를 시작한다. 호주에서 생활할 때부터 지금까지 꾸준히 해 오는 일과다. TED에서는 전 세계의 다양한 국적, 서로 다른 분야의 강연가들이 저마다의 주제로 강연을 한다. 몇 달 전에 보았던 중국계 미국인 여성의 '소통의 기술'에 관한 강연이 아직도 생생히 기억에 남아 있다. 그녀는 매우 당당하고 호소력 짙은 태도로 강한 메시지를 전달했다. TED에서 강연함으로써 전 세계의 청중들을 상대로 자신의 의견을 피력하며, 세계적으로 큰 영향력을 미치는 것이다.

나는 TED 강연을 듣고 대본을 정독하며 분석했고, 강연을 받아쓰면서 영어공부를 했다. 그리고 '언젠가는 나도 TED에서 유창한 영어로 멋지게 강연을 할 거야! 나의 청중은 전 세계인이다!'라고 다짐했다. 오늘도 나는 눈을 감고 상상해 본다. 등 뒤에 빨간 TED 글자가 새겨진 멋진 무대에 올라 수많은 청중들 앞에서 열

띤 강연을 하는 나의 모습을 말이다.

 그저 평범한 회사원으로 살던 내가 이제는 결코 이루어질 것 같지 않았던 꿈을 꾸며 나아가고 있다. 하루하루가 진정으로 가슴 뛰고 행복한 나날들이다. 나는 책을 써서 베스트셀러 작가가 되고 싶고, 그 책으로 독자와 소통하는 강연회를 열고 싶다. 한 번의 강연으로 끝나는 것이 아니라 TV, 라디오라는 방송 매체를 통해 많은 이들과 꾸준히 소통하고 싶다.

 TV 강연 프로그램인 〈세상을 바꾸는 시간, 15분〉, 〈강연 100℃〉 등의 무대에 올라 강연하는 나의 모습을 상상해 본다. 나아가 꿈을 향해 나아가는 전 세계의 많은 이들에게 동기부여를 해 주는 TED 강연가, 한국을 넘어 세계적으로 인정받으며 수억 원대의 연봉을 받는 강연가의 모습을 말이다. 가슴 뛰는 메신저의 삶을 살면서 경제적인 풍요로움까지 누릴 수 있는 삶, 멋지지 않은가! 나는 오늘도 꿈을 향해 한 발 한 발 나아가고 있다. 내가 될 수 있고, 할 수 있는 것에 한계는 없다.

05

무모한 꿈이 실현되는
'꿈하라 컴퍼니' 설립하기

나는 서른한 살이 되던 해에 5년 이상 재직했던 은행에 사직서를 제출했다. 사직서를 제출하러 인사부를 방문했을 당시, 인사부장님께서는 걱정스러운 표정으로 말씀하셨다.

"이혜미 대리, 이 선택은 맞지 않는 것 같아요. 급하게 내릴 결정이 아니니 조금 더 생각해 보고 다시 오세요. 사표는 아직 수리하지 않을 테니…."

"아닙니다, 부장님. 저는 이미 충분히 생각했습니다. 이제는 떠나야 할 시간입니다. 꿈을 이루기 위해서 더 넓은 세계로 나아가고자 합니다. 호주 워킹홀리데이를 통해 폭넓은 경험을 쌓고 싶습니다. 무엇보다 저는 이루어야 할 많은 꿈이 있고, 은행에서는 제 꿈을 이루는 데 한계가 있습니다. 설득을 하셔도 제 뜻은 변함이 없습니다."

이러한 대화가 오갔지만, 부장님은 결국 그날 나의 사표를 받지 않으셨다. 퇴사 전 쓸 수 있는 휴가기간 동안 호주에서 생각을 더 해 보고, 그래도 정 안 되겠다 싶으면 그때 국제우편으로 사직서를 보내라고 하셨다. 결국 나는 사직서를 챙겨 호주행 비행기에 올랐다. 정확히 한 달 후 나의 사직서는 국제우편으로 인사부에 전달되었다.

주변 사람들 모두 나의 무모한 결정에 걱정과 우려가 가득했을 것이다. 그 나이에 그 좋은, 고액 연봉을 주는 직장을 그만두고 무작정 호주로 가겠다니, 이게 웬 말인가! 여름이면 시원하고 겨울이면 따뜻한 사무실에 앉아 고상하게 돈을 세며 고객 상담을 하는 잘나가는 은행원이었지 않은가(물론 물 위에서는 고고해 보이지만 실상 물 밑에서는 발을 동동 구르는 백조와도 같았지만). 그런데 갑자기 바리스타의 꿈을 이루기 위해 호주 멜버른에 간다고? '과연 정상적인 생각인가' 싶었을 것이다.

나는 커피를 무척 좋아해서 커피에 대해 체계적으로 공부해 보고 싶었다. 특히 커피의 나라 호주에서 바리스타가 되어 많은 외국인들과 커피를 마시며 영어로 이야기를 나누고 싶었다. 그래서 주위의 거센 반발에도 아랑곳하지 않았다. 이제는 진정으로 나에게 맞는 토양에서 내가 원하는 삶, 가슴속에 간직한 꿈을 모두 이루는 삶을 살고 싶었기 때문이다. 응원해 주는 사람은 아무도 없었지만 오로지 자신만을 믿고 나아가기로 했다. 오롯이 나를 위한 삶, 생의 마지막에서 되돌아보았을 때 결코 후회 없는 삶을 살고 싶었다.

그렇게 떠난 호주에서의 삶은 모든 것이 새로웠고, 하루하루 온전히 즐겁고 행복했다. 물론 외국에서 홀로 현실을 헤쳐 나가는 것은 결코 쉬운 일이 아니었다. 현지인들과 함께 살아가는 것은 해외여행과는 백팔십도로 달랐다. 제대로 말이 통하지 않는 상황에서, 예상하지 못한 돌발 상황에 두렵고 당황스러웠다. 하지만 나는 꿈과 목표를 향해 끊임없이 도전하고, 이루어 나가는 일련의 과정에서 평생 경험해 보지 못했던 희열을 느낄 수 있었다.

나는 호주 멜버른에서 바리스타가 되고자 하는 꿈을 이뤘고, 공원에서 '야외요가 코칭클래스'를 열고자 하는 꿈도 이뤘다. 멜버른 시티 중심의 보석가게에서 중국어와 영어를 동시에 구사하며 고객을 응대했고, 누구보다도 빨리 매장 총괄 책임자가 되었다. 세일즈와 재고 관리 능력을 인정받아 은행에서보다 더 많은 월급을 받았다. 열정 넘치는 호주인 친구와 함께 글로벌 기업을 설립하기도 했다. 이 모든 것을 스스로 이뤄 냈다는 사실에 감개무량해했다. 무(無)에서 유(有)를 창조해 내는 기분이었다. 처음부터 술술 일이 잘 풀렸던 것은 아니었지만 실패를 발판 삼아 발전하는 나의 모습이 마음에 들었다.

시작은 무모해 보였을지도 모른다. 하지만 잘해 나갈 것이라는 자기 확신으로 앞만 보며 나아갔다. 나는 이러한 워킹홀리데이 경험을 토대로 현재 호주 워킹홀리데이에 관한 책을 쓰고 있다. 간혹 호주로 떠나고자 하는 주변 사람들에게 도움을 주기도 한다. 호주로 가기 전에 준비할 사항들, 또는 처음 도착했을 때 당황스럽거나 힘든 일이 생기면 어떻게 해야 하는지 상세히 일러 준다. 호주에서 일자리를 구해 빠르게 적응하는 방법, 집 구하는 방법, 마트에서 장 보는 법, 일상에서 영어를 공부하는 방법 등도 알려 준다. 생활해 보지 않고서는 절대 알 수 없는 생생한 경험들을 바탕으로 개개인의 상황, 특성에 맞는 워킹홀리데이를 컨설팅해 주는 것이다.

나는 꿈과 목표 없이 무작정 호주로 떠나는 위홀러들에게 '꿈 동기부여가'로서의 역할을 하고 싶다. 내가 만족스러운 워킹홀리데이 생활을 할 수 있었던 것은 이루고자 하는 꿈과 목표가 확고했기 때문이다. 외국에서 생활할 때는 어떤 마인드를 가져야 하는지 조언해 주고 싶다. 단지 호주에서의 워킹홀리데이 1년을 컨설팅해 주는 데 그치지 않고 1~2년 뒤, 또는 한국에 돌아와서 어떤 목표와 계획으로 인생을 설계해 나갈지 함께 고민해 보고자 한다.

꿈이 없는가? 무엇을 하고 싶은지 도무지 모르겠지만 친구가 간다고 하니 나도 워킹홀리데이 한번 떠나 볼까 생각하는가? 그렇다면 가슴에 손을 얹고 깊이 생각해 보자. 평소에 무엇을 좋아하고 무엇에 관심이 있으며 어떤 장소를 좋아하는지, 사소한 것들을 떠올리며 자신에 대해 진정으로 알아 가고 이해하려는 자세를 가져 보자. 그렇게 반복하다 보면 나아가야 할 방향이 정해지고, 새로운 꿈과 목표가 생길 것이다. 그러면 주저하지 말고 당당히 호주에서 꿈을 펼쳐 보자.

나에게 꿈이란, 생각하고 행동하면 모두 이루어지는 것을 의미한다. 나는 한순간도 꿈을 놓지 않았으며 열정 가득한 삶을 살았다고 자부한다. 지금 당장 이루어지지 않는다고 해서 실패라 생각하고 좌절할 필요는 없다. 그 모든 과정들이 더 큰 꿈을 이루는 데 풍부한 자양분이 되어 줄 것이다.

'Do Your Dreams!'

'꿈하라!' 이는 나의 가치관을 가장 잘 설명하는 문장이다. 나는 무한 긍정의 마인드로 모두가 무모한 꿈을 꾸며 이루어짐을 확신하는 '꿈하라 컴퍼니'를 설립할 것이다. 꿈하라 컴퍼니에서는 다음과 같은 과정을 거친다.

첫째, 건강한 신체에 올바른 마음가짐을 가지게 한다. 신체의 건강, 운동의 중요성을 모르는 이들에게 요가와 필라테스를 가르칠 것이다. 특히 물구나무서기 전도사로서 물구나무서기 동작을 가르치고 함께 수련하며 명상의 시간을 통해 몸과 마음의 평안을 느끼게 해 주고 싶다.

둘째, 나이, 성별, 환경, 직업에 상관없이 항상 꿈을 꾸고, 종이에 적고, 생생히 떠올리며 행동하게 하는 '꿈하라 워크숍'을 주기적으로 개최할 예정이다.

셋째, 아픔을 가진 이들의 마음을 들어 주고 함께 치유해 나갈 것이다. 상처받고 아파하며 방향을 잃고 흔들리는 이들의 이야기를 차근차근 깊이 있게 듣고 싶다. 생각을 공유하며 함께 고민하는 과정에서 스스로를 찾고 좀 더 빨리 꿈을 펼칠 수 있도록 돕고 싶다.

"당신의 꿈은 무엇입니까?"라는 질문에 모든 사람이 자신 있게 대답할 수 있는 그날까지 나는 '꿈하라 컴퍼니'의 CEO로서의 역할을 다할 것이다.

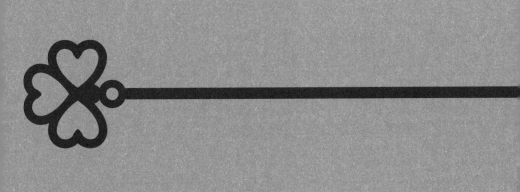

Chapter 3

청소년의 꿈을
돕는 메신저 되기

———— 이주연

이주연 ━━━━━━━━━━━━━

'청소녀진로연구소' 소장, 상담가, 강연가, 자기계발 작가

우리 아이들의 진로와 적성을 함께 찾아보는 '청소년진로연구소' 소장으로 활동 중이다. 두 아이를 둔 학부모이자 20년 동안 학생들과 함께해 온 선생님의 마음으로 아이들의 진로고민을 함께 나누고 있다. 꿈을 찾아가는 프로 그램을 개발해 상담과 강연활동을 하고 있으며 청소년과 학부모들을 대상으로 하는 자기계발서 시리즈물을 준비하고 있다.

E-mail jydreamcatcher@naver.com
Blog http://blog.naver.com/jydreamcatcher
Cafe http://cafe.naver.com/jydreamcatcher

1인 기업 설립하기

오늘은 2020년 1월 1일, 새해 첫 날이다. 동시에 'Juyeon Company'가 공식 출범하는 날이기도 하다. 회사명은 내 이름을 따서 만들었다. 나는 그동안 청소년 대상 공부법, 진학 진로 지도 등을 주제로 자기계발서를 12권 출간하고 강의와 함께 블로그로 인지도를 꾸준히 쌓아 왔다. 2017년 3월에 출간된 《청소년을 위한 10분 몰입공부법》은 기본에 충실한 일상의 공부법을 강조한 책이다. 이를 시작으로 학생들의 진로를 결정하는 데 각자의 태어난 시기를 참고할 수 있다는 시리즈물과 학교 교육과정에 필요한 정보 위주의 자기계발서 그리고 청소년 명상법 등을 주제로 꾸준히 책을 출간했다. 내 책은 모두 베스트셀러로 자리매김해 대형서점에서 사인회도 열었다. 그리고 이어지는 강연 요청으로 나는 3년을 정신없이 보냈다.

2011년 말, 청소년 교육 프로그램에 대한 습작물을 모아 책으로 출간한 적이 있었다. 누구나 그렇겠지만 어떠한 결과물이 나오기 위해서는 나름대로 소쩍새도 울고 먹구름 속에서 천둥도 치는 과정을 거치며 고군분투해야 한다. 그런데 이러한 결과물들이 현실적인 경제활동으로 이어지지 않는 데서 오는 상실감을 나는 그때 체험했다. 이러한 상실감은 내가 과학교육으로 박사학위를 받았을 때도 느꼈다.

나는 과학 교사로 20년 동안 재직하면서 나 자신을 전형적인 이과생이라고만 생각했다. 실험을 하거나 데이터를 정리하고 논문을 주로 쓰는, 과학을 공부하는 선생님 말이다. 그런데 정작 교사로서 가르치는 것은 내가 공부한 것과는 다른 별개의 과학이었다.

나는 항상 공부가 가장 의미 있는 일이라고 생각했다. 소설이나 시를 읽는 것보다는 학위 공부가 진정으로 의미 있는 공부라고 생각했다. 그렇게 무겁게 생각할 필요까지는 없었는데 말이다. 시간이 흘러가는 것을 가볍게 받아들여도 좋았을 텐데 40대까지 혈기왕성했던(?) 나는 그렇게 받아들이지 못했다. 무엇이든 열심히 해야 하고 그것이 의미 있어야만 한다는 일종의 강박을 갖고 살았다. 석사와 박사 학위 공부를 직장생활, 결혼생활과 병행하다 보니 40세가 되던 해까지 무슨 정신으로 살았나 싶다.

그런데 어느 순간 박사학위는 있는데 실생활과 연결이 안 된다고 생각하니 참으로 허탈한 심정이었다. 40세에 박사학위를 받았고 그 학위를 위해서 15년 정도의 시간을 보냈으니 인생의 30% 이상을 학위를 받는 데 보낸 셈이다. 그런데 그것이 직장을 옮기는 일이나 나의 일상인 학생들을 가르치는 일에도 쓰일 수 없다는 것을 알았다. 나는 이미 육체적으로나 정신적으로 너무 많이 지쳐 있었고 어디에서도 삶의 원동력을 찾을 수 없었다.

허탈한 마음에 휴직을 하고 미국에서 1년 반 동안 지내며 육아에 전념했다. 아이들이 초등학생이었으니 육아보다는 공부 뒷바라지를 하느라 바쁘게 지냈다. 시간이 지나고 복직을 하면서 2011년 말에 책을 한 권 출간했다. 그 이후 2017년 3월 다시 책을 내기까지 5년 동안은 모든 것을 정지시키고 살았다. 모두 내려놓고 싶었다. 그 분주함, 의욕이라면 의욕이고 욕심이라면 욕심인 모든 것을….

그런 상실감은 특목고를 준비하는 둘째 아이를 뒷바라지하는 것으로 채울 수밖에 없을 것 같았다. 하지만 상실감은 계속 커져 갔고 시간만 흘려보냈다. 모든 것을 내려놓는다는 것은 다시 말해서 상실감이 커서 허무주의에 빠지는 것이 아닐까 싶다. 그래도 나름 힘든 시간을 보내면서 조금은 성숙해졌다고도 할 수 있다.

아이가 졸업할 즈음 우연히 알게 된 〈한책협〉에서 〈1일 특강〉

을 듣고 〈책 쓰기 과정〉을 시작하면서 내 안에 남아 있던 의욕이 아주 조금씩 살아나기 시작했다. 하지만 발동이 걸리는 데는 시간이 좀 필요했다. 특강 전 미션 준비를 의욕적으로 시작해 놓고 마무리를 못해서 자기소개서를 〈책 쓰기 과정〉 이틀 전에 꼴찌로 내기도 하고, 책 제목을 정할 때는 기한에 턱걸이하듯 정신없이 내기도 했다. 장 제목 숙제를 할 때는 40세트의 숙제가 방향이 잘못되어 1세트부터 다시 하라는 김태광 코치의 엄명을 받기도 했다. 제대로 해낼 수 있을까, 하는 걱정이 앞서다가도 이상하리만치 발동이 걸리는 느낌이 들었던 것이 생각난다.

그렇게 〈한책협〉과의 인연은 시작되었다. 〈책 쓰기 과정〉에 이어서 〈1인 기업 준비〉에 등록하면서 공저에도 참여했다. 블로그 관리에 대해 체계적으로 배우면서 글쓰기와 온라인상의 활동에 이어서 강연활동으로 조금씩 그리고 빠르게 활동영역을 넓혀 나갔다. 그리고 오늘 이렇게 Juyeon Company의 창립일이 된 것이다.

이제까지 내가 써 온 책들의 주제는 진로, 학교 교육과정 관련 정보 위주의 계발서, 청소년명상법 등 세 가지로 나뉜다. Juyeon Company에서는 이 각각의 주제들로 강연과 세미나가 꾸준히 진행된다. 이러한 과정을 좀 더 확장시키고 지속적으로 연결하기 위해서 온라인과 오프라인 교육장도 함께 출범한다. 온라인 플랫폼에서는 이 세 가지 주제에 대한 동영상을 유료 시리즈물로 제작해 탑재하고 있다. 또한 초청강연 외에 정기적으로 진행하는 강연과 교육의 장소로서 오프라인 교육장을 함께 출범시켰다. 오프라인 교육장에서는 다양한 시리즈물을 준비해 성인이나 청소년 교육과정, 별도의 주제에 특화된 특강 등을 진행할 예정이다.

특히 중등 교사들을 대상으로 하는 성인 교육 프로그램이 있다. 이 프로그램은 내가 교직에 있을 때 느낀 문제의식에서 출발해 야심차게 준비한 것이다. 교육부에서는 교사들을 재교육하는 데 정기적이면서도 많은 비용을 할당하고 있다. 교사들은 저마다 일정 시간 동안 연수를 받아야 하는데 비용은 나라에서 지원한다. 교육부에서 선정한 온라인 사이트에 탑재된 교육 프로그램 중 각자에게 필요한 내용을 이수하거나 오프라인 교육장에서 일정 기간 연수하면 완료된다.

Juyeon Company의 온라인과 오프라인 교육장에 탑재된 교사 연수용 프로그램은 교육부와 연계해 승인을 받고 시행되기 시작했다. 교사를 제대로 교육시킨다는 것은 청소년 교육에서 빼놓을 수 없는 일이다. 한 사람의 교사가 학생들에게 미치는 파급력은 어마어마하기 때문이다. 세금을 많이 투자해 각종 첨단시설로 교실을 선진화한다고 해도 자질 있는 교사의 역량과는 비교할 수 없다. 그렇기 때문에 Juyeon Company에서는 많은 공을 들여서 교사교육 프로그램을 준비했다.

지난 시간들이 주마등처럼 스쳐 지나간다. 우연히 내 손끝에 닿은 책 한 권으로 시작된 일련의 만남들⋯. 그것을 '끌어당김의 법칙'이라고 한단다. 우연한 사건으로 보이지만 그전부터 준비하고 실패하고 좌절하면서도 쌓아 온 그 무엇이 있기 때문에 같은 길을 걸어온 사람들과 만날 수밖에 없다는 것 말이다.

2020년 새해 첫날인 오늘을 기준으로 앞으로 더 차곡차곡 넓혀 가야 할 지평들이 보인다. 그 지평들은 단순한 물질적인 욕망이 아닌, 물질을 수단으로 삼아 전 지구적으로 나누고 소통하는 활동으로 이어질 때 빛날 것이라 믿는다. 그러기 위해서 나는 오늘 이 순간, 2020년 1월 1일 새로운 출발선에 서 있다.

책 100권 출간하고
중등학교 교과서에 글 등재되기

학생들은 그들만의 맑고 진실한 에너지로 타성에 젖어 있는 나를 정화시키며 내게 말을 건네고 나를 자라게 한다. 나 또한 늘 인생의 준비기간인 10대의 순간을 소중하게 생각하며 아이들과 교류하려고 한다. 자아정체성과 가치관의 확립이 필요한 시기, 인생의 준비기간인 10대… 내가 겪은 10대와 나와 함께 생활하는 10대 학생들을 생각하면 한 인간이 정체성을 확립해 삶의 가치관을 세우는 것이 얼마나 중요한 일인지 새삼 느낀다.

그렇게 세운 가치관을 바탕으로 앞으로 공부할 전공을 전택하고 나아가 단순히 돈을 벌기 위한 직업이 아닌, 자신의 꿈과 뜻을 펼칠 직업을 선택할 수 있다면 얼마나 좋을까? 이 시기의 청소년들에게 우리 어른들은 어떤 이야기를 해 줄 수 있는가?

학생들에게 공부를 못하고 싶은 사람 손들어 보라고 하면 아무도 손을 들지 않는다. 전교에서 꼴찌인 학생도 절대 손을 들지 않는다. 2014년 통계청 자료를 보면, 13~24세 청소년은 '공부(35.9%)', '직업(22.1%)', '외모·건강(17.8%)'순으로 고민하는 것으로 나타났다. 연령별로 다시 세분해 보면 20~24세 청소년은 '직업(41.4%)'에 대해 13~19세 청소년은 '성적과 적성을 포함한 공부(50.4%)'에 대해 가장 많이 고민한다.

이와 같이 공부를 잘하는 학생이나 못하는 학생이나 똑같이 공부를 잘하고 싶어 한다. 공부를 잘하는 학생은 성적을 유지하거나 더 잘하는 쪽으로 관심을 갖고, 공부를 못하는 학생은 어떻게 하면 자신의 성적을 올릴 수 있을까에 대해 고민한다.

하지만 얼마나 많은 학생들이 자신의 앞길을 찾는 방법을 알고 있는지는 다소 회의적이다. 그것에는 몸에 배어 있는 버리기 힘든 습관이나 마음속에서 일어나는 의지 혹은 불안요소, 미성년자인 학생들의 힘으로는 어쩔 수 없는 경제적·환경적인 요소 등이 다양하게 영향을 미친다. 또한 성적을 올리고 진로를 결정하면서 살아가는 데는 사람의 힘으로는 어쩔 수 없는 어떤 힘이 작용한다. 따라서 학생들에게 공부를 잘하는 길을 찾을 수 있도록 이정표를 세우고 방법을 알려 주는 것, 그리고 자신의 상황을 받아들이고 그에 맞게 최선을 다하는 방법을 알려 주는 것 또한 어른들의 몫이라고 생각한다. 그래서 나는 청소년들에게 해 주고 싶은 말을 글로 전하고자 한다.

먼저 공부법에 대한 구체적인 지침서를 쓸 것이다. 공부는 힘들여 하는 것이 아니라 습관처럼 하는 것이다. 특히 짧은 시간 동안 여러 번 반복해서 하는 공부 습관을 어떻게 하면 정착시킬 수 있는지에 대한 구체적인 방법을 제시할 것이다. 또한 진로에 대한 이야기를 곁들여 자신의 적성을 찾아보고 구체적인 계획을 세우는 과정의 중요성도 알려 줄 것이다.

두 번째로, 학교에서 많은 시간을 보낼 수밖에 없는 학생들을 위한 책을 쓸 것이다. 정규 교육과정이란 일정한 시간, 교육을 받으면서 과정을 마쳐야 하는 제도다. 학교에서는 자신이 하고 싶은 공부가 있다고 해서 마음대로 공부하기 어렵다. 학기말 같은 시기에는 타이트한 시간관리 때문에 새어 나가는 공부가 많은 구조인 것도 사실이다. 동시에 공동체 속에서 인성과 넓은 세상을 보는 안목을 배울 수도 있는 곳이기도 하다. 또한 한편으로는 의도치 않게 친구, 교사나 환경으로부터 왜곡된 시각을 배우기도 하고 상처를 입기도 한다.

이러한 학교제도 안에 있는 학생들이 어떻게 하면 긍정적이고 미래지향적인 마음을 가질 수 있는지에 대한 구체적인 방안과 자신만의 철학을 갖는 부분에 대해서 이야기할 것이다.

　　세 번째로, 학생들의 진로에 대한 책을 쓸 것이다. 대부분의 학생들의 관심은 안정된 직장을 구하는 쪽에 집중되어 있고 학부모들 또한 사회에서 쳐주는 의료계, 교육직, 법조계 외의 직업을 생각하지 못하는 경우가 많다.

　　2016년 1월 20일, 스위스 다보스에서 열린 세계경제포럼에서 처음으로 '4차 산업혁명'이란 개념이 언급되었다. 세계경제포럼은 전 세계 기업인, 정치인, 경제학자 등 전문가 2,000여 명이 모여 세계가 당면한 과제의 해법을 논의하는 자리다. 4차 산업혁명이란 '3차 산업혁명, 즉 컴퓨터 제어 자동화, 컴퓨터를 이용한 생산자동화, 업무용 메인프레임 컴퓨터, 개인용 컴퓨터, 인터넷 등으로 이루어진 정보기술시대를 기반으로 한 디지털과 바이오산업, 물리학 등의 경계를 융합하는 기술혁명'이다.

　　현재 초등학생들이 직업을 구하는 시기가 오면 현시대의 직업 중 65% 이상이 없어질 것이라고 예상하고 있다. 따라서 학생들의 진로 지도는 공부 습관과 태도, 의지 등을 연결 지어 자신만의 철학을 정립하게 하고, 구체적인 진로에 대한 정보와 자료를 제공할 수 있어야 한다.

　　사람에게는 누구나 자신만의 적성과 맞는 분야가 있다. 가령 영어와 국어를 잘하는 학생은 수학에는 약하고, 수학에 강한 학생은 문과적인 과목에는 약하다. 간혹 아무것도 가르치지 않았는데 음악이나 체육에 재능을 보이거나 과학에 흥미를 보이는 경우, 또한 외국어 습득에 특출한 재능을 보이는 경우 등을 볼 수 있다. 이는 사람마다 자신만의 욕구와 흥미 등이 있음을 의미한다.

이러한 적성을 파악하기 위해서 다중지능검사나 MBTI, IQ, EQ 등이 연구되고 있다. 자신이 태어난 시기를 파악해 보면 각자의 특성과 진로를 결정하는 데 참고할 수 있다. 그것을 인문학적으로 해석해 보고 더 나아가서 그 원리를 구체적으로 파악해 보는 기회를 가져 보고자 한다.

이와 같이 세 가지로 대별되는 주제를 가지고 2~3개월에 한 권씩, 1년에 4~6권의 책을 출간할 계획이다. 그렇게 100권의 책을 출간하기 위해서는 약 17~25년 정도의 시간이 필요하다. 2개월에 책을 한 권 출간하는 것과 3개월에 책을 한 권 출간하는 데는 1개월의 시간 차이가 있지만 100권 출간이라는 목표로 미루어 보면 10년 가까운 시간의 차이가 난다. 어떤 일을 시작하고 출발할 때의 미세한 차이에 집중하는 것이 중요하다고 하겠다.

중등학교의 교과서에는 다양한 글들이 실린다. 현대문학작품에서부터 정철의 〈사미인곡(思美人曲)〉과 같이 해석을 붙여야 알 수 있는, 고어(古語)로 쓰인 고전 작품 그리고 학생들에게 꿈과 희망을 주는 좋은 글감까지 다양하다.

나는 청소년에게 도움을 주는 글을 쓰는 작가다. 청소년들에게 가장 중요하고 고민이 되는 공부 방법부터 생활 전반의 습관, 청소년들이 가져야 할 긍정적이고 희망찬 가치관과 꿈, 적성에 맞는 진로와 희망 그리고 세상을 살아가는 이치 등에 대한 책을 쓴다.

이러한 내용들이 선택되어 검정교과서에 실려서 더 많이 보급되고 영향을 끼치게 된다면 교육자로서 가치 있는 일이라고 할 수 있다. 그런 역할을 얼마나 잘해 낼 수 있을지는 모르겠지만 지금 이 순간에 집중해서 내가 할 수 있는 만큼 최선을 다할 뿐이다. 그것이 내가 이 시대를 살아가는 일원으로서 할 수 있는 일이기 때문이다.

청소년요가명상법
체계적으로 보급하기

'갑옷을 입은 아이들'

내가 현직 교사로 있을 때 척추측만보정기를 입고 있는 혜미와 보영이 그리고 슬기를 보면서 떠오른 말이다. 그해에는 유독 척추측만의 코브 각(cobb's angle)이 40도를 넘어서 보정기를 착용한 아이들이 3명이나 있었다. 그 아이들은 더운 여름에도 썼고 잘 때를 제외하고는 중세 기사의 갑옷 같은 딱딱한 보정기를 항상 착용해야 했다.

그 아이들이 계기가 되어 교실을 둘러보니 제대로 허리를 펴고 앉아 있는 아이들을 찾아볼 수 없었다. 그렇다고 앉아 있지 말라고 할 수도 없는 일이다. 우리나라 학교에서는 체육시간을 제외하고는 앉아서 공부한다. 학생들은 쉬는 시간에도 앉아서 떠들고 노닥거린다. 언제부턴가 "허리 펴고 앉자."가 나의 인사말이 되었다.

아이들은 공부를 잘해야 한다는 가치 앞에서 많은 것을 내려놓는다. 공부를 잘하기 위해서 공부해야 하고 공부를 하려면 앉아 있어야 한다. 친구들과의 교류나 감정, 자신의 꿈을 찾기 위한 도전을 대부분 내려놓고 학교 성적을 올리는 데만 모든 촉각을 곤두세우고 있다고 해도 과언이 아니다.

나는 아이들이 오래 앉아 있다 보니 자세가 바르지 못하게 되는 것을 보고 걱정이 많았다. 아이들은 몸의 건강뿐만 아니라 마음의 건강에도 신경 쓸 겨를이 없다. 자신의 감정이나 고민을 다른 사람에게 털어놓는 것을 힘들어한다. 아이들이 스스로 털어놓지 않고도 자신의 감정을 추스르고 자제할 수 있는 해결책이 필요했다. 단순히 '공부 열심히 해라', '운동을 많이 해야지'라고 하는 말들은 현실성 없는 메아리에 불과하다. 학교와 학원을 오가느라 바쁜 학생들에게 운동은 하고 싶어도 도저히 할 수 없는 것이 되어 버렸다.

나는 아이들의 몸과 마음이 건강해지고 편안해지는 방법이 없을까 고민했다. 학생들보다 조금은 오래 산 교사이자 동시대를 살아가는 학부모 입장에서 해법을 제시해 주고 싶었다. 학생들이 그렇게도 공부를 잘하고 싶어 하고 이 시대가 공부를 잘하는 학생들을 원한다면, 그런 현실을 감안한 해결책을 학생들에게 제시하고 싶었다.

그래서 시작한 것이 바로 명상이다. 반 아이들과 매일 아침 자습을 시작하기 5분 전에 명상을 했다. 앉아서 할 수 있는 간단한 동작들과 함께 호흡에 집중하는 시간을 가졌다. 그렇게 1년이 지나고 나니 아이들의 성적이 많이 올랐다. 학급 분위기도 편안하고 안정적으로 변해서 무척 인상적이었다.

5분 명상시간에 집중을 잘하고 또 결과도 좋았던 은정이의 경우를 살펴보자. 은정이의 전교 석차는 2학년 초 70등이었는데 2학년이 끝날 때는 6등이었다. 학급 석차도 2학년 초에는 8등이었는데 2학년 말에는 1등이었다. 다음은 은정이가 2학년이 끝날 무렵 써낸 글이다.

"2학년 올라와서 처음 명상을 했을 땐 처음 해 보는 일이라 이게 뭔가 싶기도 했고 하는 중에도 다른 생각을 하거나 조는 경우가 많았다. 하지만 계속하다 보니 방법도 알고 편안해져서 집중해서 하게 되었다. 명상할 땐 복식 호흡을 하면서 배의 움직임에만 신경 쓰다 보니 잡생각을 하지 않을 수 있었다. 이렇게 명상을 하고 나면 크게 느껴지는 것은 없지만 무엇인가 달라진 것 같고 기분이 차분해진다. 그래서 공부를 시작하기 전 무엇부터 해야 할지 정신이 없을 때는 2~3분간 앉아 명상을 하면서 마음을 차분하게 한 뒤 다시 공부에 집중한다. 명상뿐만 아니라 체조로 목이나 어깨를 풀고 나면 집중이 더 잘된다. 앞으로도 명상과 체조를 규칙적으로 할 계획이다."

은정이 외에도 많은 아이들이 다음과 같은 이야기를 해 주었다.

"좋았다. 2학기 때도 했으면 좋겠다. 음악시간 가창 수행평가 때 정말 많이 떨었는데 선생님이 알려 준 복식 호흡을 하고 나니 마음이 차분해졌고 기말고사 때도 마음이 차분해지면서 문제가 잘 풀렸다."

"머리가 맑아지고 기분이 좋아지고 차분해져서 계속했으면 좋겠다."

"수업이 좋았고 음악을 들으면서 호흡을 하니 마음이 편안해졌다."

"차분해지고 마음이 가라앉는다."

"명상하면서 참 좋았다. 과학시간만 되면 정신이 맑아지는 것 같았다."

"마음이 편안해지고 숨이 들고 나는 느낌이 좋다. 음악을 들으며 호흡하면 심리적으로 안정되어 좋다. 시험기간에 마음이 차분해지는 느낌이 들어 아주 효과적이라고 생각한다."

명상에서 가장 중요한 호흡법은 내가 가르쳤던 과학과목에도 그 원리가 나온다. 자동차가 움직이는 데 필요한 휘발유처럼 세포의 연료인 포도당이 연소해 인체가 일상생활을 할 수 있는 에너지로 바뀌려면 산소가 필요하다. 산소는 호흡을 통해서 몸속으로 들어오는데, 이때 폐로만 하는 폐호흡보다 복부와 흉강 부분까지 활용해 복식 호흡을 하는 것이 몸에 필요한 산소를 확보하는 데 훨씬 효율적이다.

숨을 마실 때는 늑골이 올라가고 횡격막(가로막)은 내려간다. 그리고 '흉강'이라고 하는 가슴속이 넓어져서 가슴속의 압력이 낮아지고 공기가 폐로 흘러 들어가게 된다. 이러한 일련의 과정이 거의 동시에 일어나는데 숨을 내쉴 때는 정확히 이와 반대의 상황이 벌어진다. 호흡을 깊게 한다는 것은 횡격막의 운동을 활발하게 한다는 뜻이다.

우리는 숨 쉬는 모습만 봐도 그 사람의 건강과 기분을 어느 정도 알 수 있다. 몸이 아프거나 화가 났을 때, 그리고 두렵거나 불안할 때는 호흡이 거칠어지고 빨라진다. 마음이 평온하고 몸이 건강한 상태면 숨이 깊고 고르다. 결국 건강한 사람의 숨은 깊고 느리다는 말이며, 거꾸로 말하면 깊고 느린 호흡을 하면 건강해진다는 뜻이다.

뇌가 움직일 때 생성되는 전기적 변화를 전극으로 측정한 것을 뇌파라고 한다. 진동의 파장 수에 따라 8~13Hz에 해당하는 알파파는 외부의 자극에 동요 없이 안정된 상태에서 생성된다. 흔히 천재나 신동처럼 머리가 비상한 사람들에게서 높게 나타나는 뇌파다. 이러한 상태의 뇌파는 명상과 같이 깊은 호흡을 통해 편안한 상태가 되면 나타나며 스트레스 해소 및 집중력 향상에도 도움이 된다.

인생의 준비기간인 10대 청소년 시기는 어른이 되어서 보내는 수십 년의 시간만큼의 값어치가 있다. 이 기간 동안 평생의 진로를 준비하면서 공부하며, 가치관과 정서가 형성된다. 동시에 '질풍노도의 시기'라고 불릴 정도로 불안정한 시기이기도 하다.

이 시기를 잘 보내기 위한 중요한 방편이자 해결책으로 청소년 명상법을 제안한다. 명상은 공부에 지치고 시간에 쫓기는 청소년들의 몸과 마음의 건강을 지켜 주고, 집중력을 향상시켜 공부에 도움을 준다. 게다가 일상에서 짧은 시간을 이용해 할 수 있으므로 지금 당장 실천해 보자.

대한민국 최고의
교육 강사 되기

올해 2월, 둘째 아이가 고등학교를 졸업했다. 아이가 한창 고등학교에 다닐 때는 하루에도 수십 통의 학원 홍보 문자가 왔다. 나는 아이와 함께 방학 때마다 학원으로 상담을 하러 가곤 했다. 또한 대학 논술시험이나 수능성적에 맞추어 어떤 대학교를 가는 것이 좋은지 상담해 주는 학원도 있다.

대부분의 주요 대학들은 정원의 70% 정도를 학교 수상 실적이나 학교 활동이 중시되는 수시 입시에서 뽑는다. 우리가 흔히 알고 있는, 수학능력시험으로 가는 정시 입시 정원은 30%에 불과하다.

수시 입시는 학교생활기록부의 내용이 당락에 매우 중요한 변수로 작용하므로 학교 성적과 학교에서 열리는 각종 대회에서 입상하는 것이 중요하다. 그래서 성적 관련 학원뿐만 아니라 학교에서 열리는 각종 경시대회나 발표대회 등을 지도해 주는 학원도 있다. 교내 대회를 준비하기 위해 팀을 짜서 학원에 의뢰하면 그 대회의 성격이나 아이들의 수준에 맞게 지도해 준다. 이러한 시스템이 잘되어 있는 곳이 아무래도 대치동 학원가이다 보니 대치동이 우리나라 사교육 1번지라고 불릴 수밖에 없다.

나는 중등학교에서 과학을 가르쳤다. 과학은 초등학교에서 중학교로 오면 학생들이 가장 어려워하는 과목이기도 하다. 국어, 영어, 수학은 초등학교 때부터 그 중요성을 미리 알고 준비하지만 과학은 중학교에 들어오면서 개념도 어려워지고 공부할 양도 많아진다. 예를 들어, 초등학교에서는 계절이 생기는 이유에 대해 지구가 23.5도 기울어서 공전하므로 태양의 남중고도가 달라지기 때문이라고 이야기한다. 여기에 중학교에서는 지구가 공전하는 증거로 계절의 변화, 연주시차, 광행차현상, 별자리들의 움직임 등과 과학적 자료들을 이해하고 응용하는 범위까지 다루기 때문에 어렵게 느껴진다.

그 후 고등학교에 진학하면 대학에 대한 정보와 자신의 희망 진로를 참고해 그에 맞는 과학 과목을 선택해야 한다. 과학 과목을 세분화한 물리, 화학, 생물, 지구과학 중 두 과목을 선택해 수

학능력시험을 쳐야 하기 때문이다.

이때 학원은 정보와 지식을 공유하고 제공하는 기능을 한다. 학교는 가르치고 배우는 활동을 중요시한다. 나 또한 과학 교사로서 과학에 대한 지식을 얼마나 효율적으로 전달하느냐에 관심을 기울이고 수업자료를 제작하기도 했다.

한편, 학부모는 아이가 어떤 과목에 학원 보충이 필요할지, 어떤 과목은 혼자서 공부하는 것이 효율적일지 관찰해야 한다. 내 아이에게 어떤 선생님과 어떤 수준의 수업이 필요한지 알아야 한다. 그런데 아이의 적성을 정확하게 판별하기는 힘들다. 또한 문과와 이과 중 어떤 진로를 선택해야 하는지, 대학 학과는 어떻게 결정해야 하는지 고민이 많다. 학부모 입장에서는 뿌연 안개 속을 걷는 것과 다름없다.

적성은 이것 아니면 저것으로 흑백이 명확한 것도 아니다. 게다가 적성에 맞을 뿐 아니라 전망도 밝은 직업이면 더욱 좋겠다는 마음인데, 아이는 엄마의 마음처럼 공부를 열심히 하지 않는 것 같으니 잔소리와 간섭을 하게 된다. 예민한 아이들은 엄마 말을 듣지 않아 서로 힘들어하는 경우도 생긴다.

나는 이러한 학부모들을 대상으로 함께 공감하고 정보도 제공하는 강좌를 기획하고 있다. 학생들이 진로를 선택할 때 어떤 것을 기준으로 해야 하는지에 대해 강의할 것이다. 나는 사람은 태어난 시기에 따라 자신의 적성이나 성격 등을 판단할 수 있다고 본다.

　중학교 과학책을 살펴보면 자연은 무엇으로 이루어져 있는지 관찰하고 연구한 고대 철학자들의 생각이 정리되어 있다. 기원전 6세기 무렵, 그리스 최초의 철학자인 탈레스는 모든 생명의 필수 요소가 물이라는 이유로 '만물의 근원은 물'이라고 주장했다. 이것이 바로 '1원소설'이다. 기원전 5세기에 이르러서는 엠페도클레스가 나무를 태우면 불, 물, 공기가 나오고 재가 남는 현상을 바탕으로 만물의 근원은 불, 물, 공기, 흙의 네 가지라는 '4원소설'을 주장했다. 기원전 4세기에는 당대 최고의 철학자로 추앙받던 아리스토텔레스가 엠페도클레스의 4원소설을 지지하는 이론을 내놓았다. 그는 차갑고 습한 물, 습하고 따뜻한 공기, 따뜻하고 건조한 불, 건조하고 차가운 흙이 모여서 만물을 형성한다고 여겼다. 이를 바탕으로 차갑고 따뜻하고 습하고 건조한 성질이 재배열되면서 물질들끼리 서로 변환될 수 있다는 '4원소 변환설'을 주장했다. 또한 물질과 물질 사이에는 공기가 가득 차 있어서 빈 공간이 없고, 연속적으로 연결되어 있다는 '연속설'을 주장했다.

　이러한 맥락에서 사람도 자연으로부터 와서 자연으로 돌아가므로 물, 불, 흙, 나무, 돌의 다섯 가지 속성을 가지고 있다는 내용이 과학교과서에 소개되고 있다.

이런 원리로 보면 사람은 태어난 날(日)을 기준으로 자신을 오행(木, 火, 土, 金, 水) 중 한 글자로 표현할 수 있다. 태어난 날이 자신을 상징하는 것이다. 그리고 태어난 달(月)을 보면 계절을 파악할 수 있어서 그 계절의 특성과 자신의 오행의 관계를 기본으로 하고 그 외의 여러 가지 상관관계를 통해서 성격, 건강, 직업 등의 특질을 파악할 수 있다. 물론 사람의 특징이나 인생을 이야기할 때 어느 하나로 단정 지을 수 없는 것처럼, 이 두 가지로만 설명하기에는 매우 복잡하고 여러 가지 변수가 작용한다. 조심스러운 마음으로 단순화시켜서 설명하면 다음과 같다.

만약 어떤 학생이 더운 여름철인 7월에 태어났는데 오행도 화(火)라면, 더운 쪽으로 많이 치우쳐 있는 상태다. 만약 이 학생의 엄마도 비슷하게 더운 계절에 태어났는데 오행마저 화(火)의 기운을 갖고 있다면, 자신에게 넘치는 것을 상대방도 갖고 있기 때문에 부딪치는 일이 많고 사이도 나빠질 수 있다. 한편 더운 계절인 7월에 태어났어도 자신을 나타내는, 태어난 날짜에 해당하는 오행이 수(水)에 해당한다면 그 더운 기운이 상대적으로 덜할 것이다.

이와 같은 원리를 알면 자신의 마음이나 행동을 이해하는 데 도움이 될 수 있다. 이것은 자아정체성과도 연결된다. '나는 누구인가?'라는 질문의 답을 찾기 위해 수많은 사람들이 고민하고 방

황한다. '나는 학생이다', '나는 한 가정의 가장이다', '나는 자유로운 사람이다', '나는 신념을 사랑하는 사람이다', '나는 창의적인 예술가다' 등 질문에 대한 답은 자신이 생각하는 자신을 드러낸다.

한 철학자가 "삶은 '나는 누구인가'라는 질문의 답을 찾기 위한 긴 여정이다."라고 말한 것처럼, 우리는 이 답을 찾기 위해 무수한 경험과 행동을 하기도 한다. 자신이 어떤 사람인지 알기 위해, 무엇을 좋아하고 싫어하는지, 기질적 특성이 무엇인지 알기 위해 자신이 태어난 시기를 분석해 보는 것도 중요한 방법이 될 수 있다.

각자 자신의 정체성을 여러 각도로 판단해 보자. 학부모가 먼저 자신의 마음이나 기질을 알고 아이의 특성을 파악한다면 서로 이해하는 범위가 넓어질 것이라고 생각한다.

정체성을 파악한 뒤 그에 맞는 직업을 갖는 것이 중요하다. 플라톤은 "행복한 사람이란 자신의 적성에 잘 맞는 직업을 갖고 살아가는 사람"이라고 말했다. 직업은 독립적으로 생계를 책임지기 위한 필수적인 요건이다. 직업은 하루 대부분의 시간을 할애하면서 일상이 되기 때문에 자신의 성정이나 기질과 잘 어울리는 것으로 신중하게 선택해야 한다.

나는 두 아이의 학부모이자 전직 교사 그리고 교육자로서 학부모들과 폭넓게 공감할 수 있다. 교육과 진로 문제는 아이에게만 국한되는 것이 아니다. 한 가정의 평화와 부모 개인의 행복에도 직결되어 있다. 나는 학부모를 대상으로 자녀와 학부모의 정체성을 알아 가는 방법을 제시하는 강의를 시리즈로 기획하고자 한다. 태어난 시기로 자신의 정체성을 알 수 있다는 논리를 체계화해서 그것을 주제로 강의해 학생들이 진로를 결정하는 데 도움이 되고 싶다.

청소년들에게 봉사하고 기부하는 삶 살기

세상에는 소외되고 힘든 사람들이 참 많다. 특히 어린아이들이나 청소년들은 아직 나이가 어려서 자신의 힘으로 어려운 상황을 해결할 수 없기에 어른들보다 훨씬 힘들 것이다. 그럴 때 누군가 조금만 도와주면 앞날을 헤쳐 나갈 수 있을 것이다.

우리 주위에는 생활보호대상자나 소년소녀가정, 한부모가정 아동들이 있다. 이런 어려운 아동들을 돕는 단체로 초록어린이재단, 밀알복지재단 등이 있다. 그들은 희귀병이나 난치병 치료비 때문에 힘들어하는 사례를 찾아내어 여러 사람들이 기부할 수 있도록 안내 역할을 해 준다. 어린이재단은 빈곤·결식아동 및 소년소녀가정, 한부모가정 아동과 같이 도움이 필요한 아이들을 선정하고, 후원자와 결연을 맺어 주는 것을 지원하고 있다.

　한국전쟁이 끝난 직후인 1952년, 미국인 에버렛 스완슨 목사
는 부산의 어느 차가운 새벽거리를 걷고 있었다. 그때 길가에 널
린 쓰레기 더미를 군용트럭으로 던지는 인부를 보았다. 가까이 다
가가 보니 그것은 쓰레기가 아니라 추위와 굶주림으로 죽은 어린
아이들의 시체였다. 큰 충격을 받은 그는 어린아이들을 위한 기부
에 앞장섰고 국제적으로 우리나라의 어려운 사정을 널리 알리고
자 '컴패션'이라는 단체를 결성했다. 이후 물질적 도움뿐만 아니
라 아이들과 후원자를 1:1로 연결하는 일에 앞장섰다. 1952년부터
41년간 컴패션은 도움이 필요한 10만 명 이상의 한국 어린이들을
돌봤다. 2003년에는 드디어 한국이 열 번째 후원국이 되어 현재
전 세계 26개국 170만 명 이상의 어린이들에게 도움을 주는 나라
가 되었다.
　봉사와 기부를 하고 있는 연예인 하면 션과 정혜영 부부를 떠
올리지 않을 수 없다. 푸르메재단은 장애인에게 재활치료 및 교육
서비스를 제공하기 위한 재활전문 의료기관을 건립·운영하고 있
는 비영리공익법인이다. 이 푸르메재단에서 2016년 4월, 국내 첫
어린이 재활병원을 건립했다. 이때 션과 정혜영 부부가 6억 원을
기부했다고 한다. 션은 철인 3종 경기, 사이클링 레이스 대회, 자전
거 국토 종단 등 20개가 넘는 각종 대회에 참가해 모은 기금 등을

병원 건립에 기부한 것으로 알려졌다.

션 부부는 이외에도 매일 1만 원씩 모아서 매년 결혼기념일마다 365만 원을 무료 급식소에 기부한다. 또한 필리핀, 인도네시아, 우간다, 케냐 등 해외 어린이 100명에게 매달 45,000원씩 생활비를 지급하고 있다고도 한다.

나는 학교에서 근무할 때 가정형편이 어려워 힘들어하는 학생들을 종종 봤다. 대부분의 아이들은 가정경제를 필요 이상으로 걱정해 학업에 꼭 필요한 부분에 대해서도 부모님께 이야기하지 못하고 자신을 한정 짓는 경우가 많다. 부모님이 계시면 그나마 다행이지만 한부모가정이거나 할머니와 함께 사는 학생들도 있다.

이러한 학생들에게 지속적으로 경제적인 후원을 해 줄 수 있는 방안을 찾아보려고 했지만 실천에 옮기지 못한 기억이 난다. 학생을 불러서 상담을 하고 가끔 학교 밖에서 함께 식사를 하는 정도였다. 나는 상황이 되면 어려운 형편의 청소년들을 1:1로 후원하고, 특히 추석이나 설날 같은 명절에 외로움을 느끼지 않도록 함께 따뜻한 시간을 보낼 것을 계획하고 있다.

우리는 가족이라는 명목으로 생일, 명절, 그 외에 시간을 만들어서 함께 음식을 먹고 비슷한 이야기를 하는 범주를 벗어나지 못하고 있다. 이러한 사적인 모임을 줄이는 대신 어려운 형편의 아이들과 함께 보내는 것이 어떨까 하는 생각은 늘 하고 있다. 어려운 환경의 아이들은 명절에 더 많이 외로움을 느낄 것이다. 그 아이들과 시간을 함께 보내는 것은 얼마나 의미 있는 일이겠는가.

그런데 이러한 생각을 하면서도 실천하지 못하고 있는 나 자신을 발견한다. 생각과 실천은 하늘과 땅 차이다. 생각만 하는 것은 결국 아무것도 하지 않는 것이다. 늘 그 생각에 빠져 있으면 마치 조금이라도 그 일을 하고 있는 것 같은 익숙함이 느껴지는 것 또한 조심해야 한다.

워런 버핏은 세상으로부터 인정받고 싶고 돈을 벌고 싶었지만 사치품에는 관심이 없었다고 한다. 실내장식이나 머리치장에 돈을 쓰는 아내를 이해하지 못했으며, 주방가구를 바꾸게 돈을 빌려 달라는 딸에게는 은행에 가서 대출을 받으라고 했다. 버핏은 세계 최고의 부자가 되자 벌어들인 돈 대부분을 기부하기로 결심했다. 그는 자신의 이름을 붙여서 기념하는 대학이나 재단, 도서관을 짓지 않았다. 유능한 사람을 찾아 그에게 기부를 위임했다.

코코 샤넬은 어머니가 세상을 떠난 이후 이모들의 손에 크면서 돈 없이는 아무것도 아니고 돈이 있으면 무엇이든 할 수 있다는 사실을 깨달았다고 한다. 그녀는 스물한 살 때 '돈은 자립의 상징일 뿐 아니라 자유를 제공하는 열쇠'라는 것을 똑똑히 알았다고 한다. 샤넬은 성공하지 못한 디자이너나 예술가들에게서 "상업적으로 성공한다는 것은 예술가가 현실과 타협하고 신념을 버렸다는 증거다."라고 비난을 받았다. 하지만 그녀는 그들에게 그것은 가식일 뿐이라고 선을 그었다. 실패를 합리화하고 정당화하는 행동에 불과하다는 것이다.

버핏과 샤넬의 공통점은 자신의 능력을 경제적인 결과물로 보여 주었다는 것이다. 그리고 돈이 곧 자립이고, 자신이 하고자 하는 일을 할 수 있게 자유를 주는 것으로 생각했다.

나는 어쩌면 샤넬이 말한, 성공하지 못한 예술가들처럼 실패를 합리화하고 정당화하는 데 급급해하며 지내 왔는지 모른다. 소시민적인 삶을 꽤나 명분 있게 포장하고 나보다 경제적으로 풍요로운 사람들을 질투하지 않기 위해서 자신을 방어하면서 살았다.

내가 좋아하는 일이 무엇인지 확실히 알게 된 지금은 돈을 많이 벌고자 노력하고 있다. 나는 좋아하는 일을 하면서 능력을 최대치로 끌어올려 그 가치를 돈으로 환산하고 나의 능력을 돈으로 입증받고 싶다. 그렇게 돈으로부터 자유로워진다고 해도 버핏처럼 금욕적으로 살 자신은 없다. 그렇다고 쓸데없는 낭비를 하겠다는 것은 아니다. 그 경계가 어디까지일지는 모르겠지만 나름대로 균형을 유지하면서 살고 싶다.

그리고 버핏처럼 기부를 하며 살고 싶다. 특히 청소년을 대상으로 기부할 것이다. 장학재단을 만들 수도 있고 일정하게 생활비를 지급할 수도 있다. 시간이 허락하는 한도 내에서 명절을 함께 보내며 따뜻한 마음을 주고받고 싶다. 이러한 과정을 통해 그들이 자신의 꿈을 개척하고 공부할 수 있도록 길을 열어 주고 싶다.

청소년을 시작으로 대상을 점점 더 넓혀 보다 체계적으로 기부를 하고 싶다. 국내에서 시작해 외국으로 기부를 확대할 것이다. 또한 1년에 1억 원 정도는 청소년 기부금으로 책정해 도움이 필요한 아이들에게 꿈과 미래를 나누어 주고 싶다.

Chapter 4

가치를 전파하는
강연가 되기

———— 김리나

김리나 ————————

키 어카운트 매니저, 뷰티으토 쿠치, 조직혁신 쿠치, 자기계발 작가

이화여대 MBA 취득 후 13년 차 키 어카운트 매니저로 활동 중이다. 각 회사마다 신제품 기획 및 신규채널을 확장시키고 있다. 각 유통채널마다 브랜드 교육 및 판매사원을 대상으로 한 셀링포인트 교육도 겸임하고 있다. 뷰티 유통 전문가를 위해 꼭 필요한 저서와 강연, 코칭 프로그램을 기획 중이다.

E-mail beautymotd@naver.com
Blog http://blog.naver.com/beautymotd

01

'rinasco company' 설립하기

나는 고등학교 3학년 때 전공을 고민하면서 창업을 꿈꾸기 시작했다. 그러면서 내 인생의 목표를 구체적으로 세웠다. 목표들의 공통점은 매년 한 가지씩 결과물을 만들어 업그레이드해 나가는 것이었다. 그 시절은 한창 인터넷 붐이 일어나던 시기였다. 나는 컴퓨터에 관심을 갖게 되었고 자연스럽게 부산외국어대학교 컴퓨터공학과에 입학했다.

내 삶의 가장 첫 번째 목표는 장학금을 타는 것이었다. IMF 시기였기에, 부모님께 장학금으로 효도하고 싶었다. 남들 다 노는 1학년 때 미친 듯이 공부해 1년 연속 장학금을 받았다. 그러던 중 시대의 흐름은 3D 구현 등 멀티미디어 시대로 접어들고 있었다. 그 당시 컴퓨터공학과 수업은 프로그래밍 위주로 진행되었다. 나는 학교 수업에 안주하지 않고 대안을 찾기 시작했다. 나는 멀티미디어공학과를 선택해 학과 공부와 편입을 준비했다. 이때부터 나에게 트렌드를 감지하고 빨리 대응하는 능력이 있다는 것을 알게 되었다. 2학년으로 올라갈 무렵 나는 동의대학교 멀티미디어공학과 편입에 성공했다. 그렇게 디자인 및 영상 편집 등을 다양하게 배울 수 있었다.

두 번째 목표는 창업경진대회에서 수상하는 것이었다. 그리하여 창업에 대한 나의 꿈을 평가받고 싶었다. 창업동아리에 가입하고 중소기업청에서 주관하는 창업스쿨연수과정을 통해 사업계획서 작성과 수익창출에 대한 지식을 습득했다. 2010년, 동의대학교에서 주관하는 밀레니엄 벤처 아이템 공모전에서 '캐릭터를 이용한 온·오프라인 상품'으로 우수상을 탔다. 이듬해에는 한국보이스카우트연맹에서 주관하는 청소년 수련 프로그램 경진대회에서 입상했다.

창업동아리에서 활동한 것이 계기가 되어 졸업 후에는 한국창업개발연구원에 창업컨설턴트로 입사했다. '와바', '놀부' 등 여러 외식 프랜차이즈 본사 대표들과 일하는 기회를 얻었다. 인터넷 창업신문 〈창업투데이〉에서 창업 관련 기사 작성은 물론, 경제신문 및 매거진 등 주요 매체를 관리했다. 또한 주요 대학, KOTRA 및 소상공인지원센터에서 창업 세미나도 진행했다. 외식 프랜차이즈 창업박람회 개최 및 설명회를 진행하고 웰컴 창업 아카데미 운영 매뉴얼을 작성해 가맹점주 및 잠재고객을 보유하는 데 큰 공헌을 했다.

세 번째 목표는 20대에 창업해 사무실에서 우아하게 커피를 마시는 것이었다. 내가 20대 후반일 때 온라인 학습 열풍이 불었기에 온라인 교육 사이트 기획과 함께 공동 창업을 했다. 회사 창립을 위한 브랜드 매니지먼트와 콘텐츠 개발을 위한 마켓 분석 및 NPD 프로세스에 의한 온·오프라인 상품 개발 및 출판업도 진행했다. 콘텐츠 홍보를 위한 마케팅 활동을 위해 하나부터 열까지 직접 나서서 발로 뛰고 노력한 덕분에 입소문을 타게 되면서 시장진입에 성공했고, 1년 만에 시장점유율 30%로 1위에 오르는 성과를 냈다.

하지만 행복은 오래가지 않았다. 공동 창업의 한계에 부닥치면서, 급기야 금전문제로 뒤통수를 맞는 뼈아픈 경험을 했다. 그래서 여성이 혼자서도 평생 일할 수 있는 분야를 찾기 시작했다. 결국 나 스스로 찾은 답은 '뷰티' 산업이었다. 나이가 들어가면서 직접 내 피부를 활용해 노화, 탄력 등 기능성에 대해 어필할 수 있다고 판단했다.

그래서 정한 네 번째 목표는 화장품 비즈니스를 하는 것이었

다. 신제품 기획과 마케팅 관련 전문지식을 쌓기 위해 가장 먼저
한 것은 이화여대 MBA 과정 도전이었다. 그 과정을 통해 혼자 일
어설 수 있는 힘을 키웠다. 무엇보다도 '매킨지 로지컬 씽킹'을 통
해 생각을 체계화시키는 논리적 사고와 문제를 해결하는 기술 그
리고 매킨지식 PPT 발표에 대해 훈련하면서 한 단계 업그레이드
된 나를 발견할 수 있었다. 이화여대 MBA 취득 후 바로 화장품
업계에 발을 들이면서 본격적으로 키 어카운트 매니저로서의 일
도 시작했다.

마지막 다섯 번째 목표는 다시 되살리는 비즈니스 인큐베이팅
1인 기업 'rinasco company'의 대표가 되는 것이다. 나는 이화여
대 MBA 취득 후 키 어카운트 매니저로 10년간 일하면서 각 회사
의 신(新)성장 동력을 발굴하고, 신상품 론칭 및 신규채널을 확장
하는 데 주력하고 있다. 그리고 각 유통채널의 브랜드 교육 및 판
매사원을 대상으로 한 셀링포인트 교육을 실시하는 데 열과 성을
다하고 있다.

키 어카운트 매니저는 유통업이 발달한 영국과 미국 등 해외에
서는 유망한 직업으로 잘 알려져 있으나 국내에서는 아직 생소한
직업이다. 국내 또한 유통시장이 세분화되고 전문화되면서 그만큼
체계적인 관리가 힘든 상황에 이르렀다. 급격히 변해 가는 트렌드
와 시장상황을 제때 반영하지 못해 많은 기업들이 힘들어한다.

나는 더모코스메틱(dermocosmetic)으로 출발한 H사에서 키 어카운트 매니저로 일했다. 판매가 부진한 약국 채널에서 매출을 올릴 수 있는 방안에 대해 검토한 결과, 대면판매로 이루어지는 만큼 지속적인 제품교육이 필요하다고 판단했다. 그 결과 입사 4개월 만에 매출을 2배로 신장시켰다. 또한 타깃 층을 확실하게 공략하기 위해 백화점 담당자에게 제품홍보연계강의를 제안하고 진행해 타깃 층을 백화점 매장으로 유입시키는 데 공헌하기도 했다.

호주 유기농 화장품으로 신규 확장을 시도한 C사에서 일할 때는 환절기 고정 키워드인 '보습'을 겨냥한 수분크림 신제품을 기획해 1개월 사이에 품절시켰다. 자사 몰 및 오픈마켓에만 의존하던 온라인 유통구조를 소셜커머스, SNS 판매로 확장해 매출을 전년 대비 2.2배로 신장시켰다.

중국 수출과 홈쇼핑 매출이 대부분이던 R화장품 회사에서 일할 때는 중국 타깃 층을 유입하고 브랜드 인지도를 높이기 위해 면세점으로 신규채널을 확장시켰다. 이때 면세점 입점, MD 영업, 판매사원 교육, 상품 기획, 매장 운영에 이르기까지 전 과정을 진행했다. 심지어 R사 홈쇼핑 관련 직원들이 대거 그만두면서 홈쇼핑 상품 기획, 브랜드 모델 섭외, 영상 제작, 방송 사전 세팅에 이르기까지 전 과정을 혼자서 진행해야 했다. 그럼에도 불구하고 연달아 매진시키는 성과를 올렸다.

국내 전 채널을 아우르는 수입화장품 회사 G사에서 키 어카운트 매니저로 일하면서 미국 유명 색조 툴인 R브랜드를 성공적으로 론칭했으며, 유명 드럭스토어 O사의 전국 지점별 판매사원들의 제품교육 및 VMD 디자인 기획 그리고 프로모션을 진행해 3개월 사이에 대략 5억 원의 매출을 올리는 성과를 냈다.

나는 키 어카운트 매니저 시절, 회사를 살리기 위해 매번 한계에 부닥치는 신제품 기획과 신규채널을 확대하면서 신사업의 고수가 되었다. 이를 통해 상품 기획부터 론칭 그리고 유통망 전개에 이르기까지 나 혼자서도 진행할 수 있는 경지에 이르렀다. 이제 나는 다른 기업이 다 망해도 살아남는 기업이 되게 하는 전략가로서 비즈니스 성공 메신저 역할을 하고자 한다. 우수 중소기업의 상품을 발굴하고 채널 브랜드 아이덴티티를 통해 성공적으로 사업을 영위할 것이다. 나는 오늘도 꿈을 위해 키 어카운트 매니저로서 힘차게 전진 중이다.

베스트셀러 작가가 되어
고정 패널로 방송 출연하기

나는 사회생활을 시작한 뒤 쉬지 않고 일했다. 살기 위해 미친 듯이 일했다. 그러면서 큰 깨달음을 얻었다. 여자 나이 마흔부터 인생이 크게 달라진다는 것을. 전문가로서 더욱 크게 성장하느냐, 전업주부로 전락하느냐 하는 갈림길에 놓인다는 것을. 나는 일에 대한 욕심도 많고 매년 한 단계씩 성장해 나가는 나의 모습에 행복을 느끼고 있다. 그동안 발로 뛰고 온몸으로 부딪치며 쌓아 온 성과들을 책으로 정리하고 싶다는 생각이 들었다. '김리나'라는 존재를 말로 길게 설명할 필요 없이 책 한 권으로 표현할 수 있다는 점이 매력적으로 다가왔다. 그래서 나는 마흔 살이 되기 전에 책 한 권으로 베스트셀러 작가가 되고 싶다는 꿈을 꾸게 되었다.

10년 이상 직장생활을 하며 우여곡절이 참 많았다. 항상 길을 찾아야만 했고, 길이 없을 때는 만들어서라도 갔다. 그러나 신기하리만치 그 시간이 지나면 한 단계씩 성장해 있었다. 아무런 예고도 없이 찾아온 최악의 순간들을 어떻게 버텨 냈고, 그것으로 어떻게 나의 가치를 높이고 긍정적인 방향으로 나아갈 수 있었는지 책을 통해 알려 주고자 한다. 항상 변화와 도전에 맞서서 해결해 나가는 과정을 통해 전문가로 성장할 수 있었던 나만의 진한 스토리를 책에 담고 싶다.

임신, 육아 등 현실적인 것들에 부닥치면서 결국 날개를 접어야 하는 직장여성들이 얼마나 많은가? 직장여성들끼리 흔히 하는 이야기가 있다. 직장이라는 전쟁터에서 첫째 육아까지는 견뎌 보겠는데, 둘째 육아부터는 어쩔 수 없이 회사를 그만두게 된다고. 그만큼 여성의 나이 마흔은 큰 의미를 가진다.

나는 마흔을 앞두고 '김리나'라는 퍼스널 브랜드로 경쟁력을 갖출 것이다. 가장 먼저 할 일은 책을 쓰는 것이다. 책 하나로 세상에 나를 알릴 수 있으며, 내가 가진 능력에 날개를 달 수 있다. 회사에선 아무리 열심히 일해도 내가 가진 능력 열 가지 중 2~3가지도 사용하지 못할 때가 많다. 조직문화, 시스템, 대표의 마인드 등등 이유는 많다. 내가 가진 경쟁력은 나 스스로 증명해 보여야 한다.

마흔이 넘어서도 현역에서 왕성히 활동하며 자기 영역을 독자적으로 구축하고 있는 사람을 소개하고자 한다. 《마흔, 당신의 책을 써라》라는 책으로 인생 제2막을 준비해야 한다는 메시지를 전해 준 김태광 작가다. 그의 책에서 본 '평생 직장인으로 살아갈 것인가'라는 화두가 내 머릿속을 떠나지 않았다. 어디 그것뿐인가. 김태광 작가는 《10년 차 직장인, 사표 대신 책을 써라》에서도 직장에 다닐 때 차근차근 미래를 준비해 나가야 한다고 알려 주고 있다.

10년 차 직장인이면 전문가라고 인정할 법한데, 현실은 그렇지 않다. 그래서 나는 '김리나'라는 차별화된 경쟁력을 가지기 위해 책을 쓰고 있으며, 베스트셀러 작가를 꿈꾸고 있다. 매번 새롭게 도전하고, 부딪치며 쌓아 왔던 내 경험을 전달해 똑같은 고민을 가진 누군가에게 길이 되어 주고 싶다. 또한 현실을 긍정적으로 바라볼 수 있도록 격려와 희망의 메시지를 전달하고자 한다. 그것이 내가 책을 쓰려는 궁극적인 이유다.

나는 MBN의 〈고수의 비법 황금알〉, 〈속풀이쇼 동치미〉를 즐겨 본다. 특히 〈황금알〉은 전문가들과 이 시대의 고수들이 나와서 각박하고 험난한 시대를 살아가는 우리에게 삶의 지혜와 노하우를 알려 준다. 내가 즐겨 보는 방송들의 주된 공통점은 패널로 전문가가 나와 방송 주제에 맞는 전문지식을 전달하면서 자신의 인생 스토리를 풀어낸다는 것이다. 그러면서 시청자들과 공감대를 형성한다.

그 외에도 tvN의 〈어쩌다 어른〉 등 각종 강연 프로그램이 쏟아져 나오기 시작했다. TV 프로그램에 고정적으로 초대받는 강연가들의 공통점은 이미 책을 통해 독자들을 확보하고 있었다는 것이다. 게다가 뜨거운 이슈로 트렌드를 만들어 내는 대표적인 작가들까지 생겨났다.

여기서 질문을 하나 던진다. '예스24'에서 총 300,335명의 네티즌이 선정한 제14회 '올해의 책 2016' 1위는 어떤 책일까? 바로 〈어쩌다 어른〉의 스타강사 설민석의 책 《설민석의 조선왕조실록》이다. 더욱 놀라운 사실은 지난 13년 동안 1위로 선정된 '올해의 책' 13권 중 역사 관련 책은 단 한 권도 없었다는 것이다. 설민석 작가가 방송을 통해 많은 사람들에게 역사에 관심을 갖도록 만든 것이다.

그는 MBC의 인기 예능 프로그램인 〈무한도전〉 멤버들과 유명 래퍼들이 짝을 이뤄 역사를 주제로 힙합 곡을 만든 '위대한 유산' 프로젝트에도 출연해 역사를 알기 쉽게 설명해 주었다. 자칫 어렵게 느껴질 수 있는 역사를 최근 음악 트렌드인 힙합이란 장르를 통해 쉽게 다가갈 수 있도록 하다는 취지가 제대로 맞아떨어진 것이다. 프로그램의 인기 덕분에 큰 화제가 되면서 발표된 음원은 1위를 찍고, 역사에 대한 대중의 관심을 높였다.

이제는 작가가 책을 내는 것만이 아니라 이 시대가 필요로 하는 부분을 이슈화시키고 트렌드까지 만들어 낸다. 얼마나 멋진 일인가? 예전에는 작가를 배고픈 직업이라고 했다. 이제는 달라졌다. 베스트셀러 작가가 아니더라도 강연 및 방송 등 다양한 활동을 할 수 있다. 한 가지 예로 JTBC의 〈말하는 대로〉 같은 게릴라식 강연 프로그램들이 점점 생겨나고 있다. 이 프로그램의 취지는 말할 거리(Story)만 있다면, 누구나 말할 거리(Street)에 설 수 있다는 것이다. 실제 경험담을 들려주면서 듣는 이의 공감을 이끌어 내고 마음까지 치유하는 과정이 가슴을 벅차게 한다.

나는 키 어카운트 매니저로 10년간 일하면서 각 회사의 신성장 동력을 발굴하고, 신상품 론칭 및 신규채널을 확장시키는 데 주력하고 있다. 그리고 각 유통채널의 브랜드 교육 및 판매사원을 대상으로 한 셀링포인트 교육도 겸하고 있다. 소상공인 모임, 창업 박람회, 미스코리아 대회, 백화점 문화센터, 면세점, 뷰티클래스, 브랜드 론칭쇼 등 안 해 본 강의가 없다.

이제 한 단계 더 나아가 전문가 패널로서 방송에서 활동하고자 한다. 나는 성장통을 겪고 있는 사람들에게 방향을 제시해 주고 긍정적인 영향력을 전달하고자 한다. 매 순간 부닥쳐 온 역경과 고난을 잘 극복할 수 있었던 노하우를 방송 등 다양한 채널을 통해 전하고 싶다.

수많은 전문가들이 있지만 각자가 가진 전문영역과 강점은 다르다. 머리로는 이해해도 실제로 겪어 보지 않으면 가슴까지 전달되지 않는다. 그래서 '김리나'만이 전달할 수 있는 전문지식과 인생 스토리를 풀어내려고 한다. 듣는 이의 공감을 이끌어 내는 강연이 가장 참된 강연이라 생각한다. 그리고 '덕분에 위로가 된다', '힘이 된다', '다시 한 번 시작해 보겠다' 등의 피드백은 강연활동의 큰 버팀목이 된다.

사람과 사람 사이의 '소통'이라는 연결고리에 '신뢰'가 더해져 모두가 하나 되는 사회가 곧 다가오지 않을까 기대해 본다. 내가 전하는 메시지 하나로 개인, 조직, 기업에 긍정적인 영향을 끼쳐 서로 협업하는 시스템을 구축할 수 있다면 더할 나위 없이 행복할 것이다. 나는 베스트셀러 작가로서 왕성한 방송활동을 하는 것이 목표이자 꿈이다. 간절히 원하니 이루어질 것이다.

03

여러 채널에서
활동하는 강연가 되기

어느덧 나도 직장생활 10년 차에 접어들었다. 어느새 신사업을 이끌어 가는 팀장의 위치에 있다. 보통 회사에 입사하면 맡은 직무가 크게 바뀌지 않는다. 예를 들어, 인사팀에 들어가면 인사 업무만을 보게 된다. 그래서 대부분은 다양한 업무를 경험하는 것이 쉽지 않다.

나는 이화여대 MBA 취득 후 화장품 마케팅 업무를 본격적으로 시작했다. 들어가는 회사마다 일당백처럼 일해야 했다. 업무는 매번 신규채널 개척 및 신규 브랜드를 육성하는 데 집중되었다. 심지어 A부터 Z까지 혼자서 해결해야 되는 상황들도 부지기수였다. 그래서 상품기획부터 마케팅, 영업, 홍보, 교육에 이르기까지 다양한 업무를 접할 수 있었다. 특히 교육 부분에 있어서는 창업박람회, 미스코리아 대회, 백화점 문화센터, 면세점 판매사원 교육, 뷰티클래스, 론칭쇼 등 여러 채널에서 다양한 강의를 진행했다. 이런 경험을 토대로 나만의 강점을 살려 강의 업계에서 확실한 포지셔닝과 전문성을 구축하기 위해 노력하고 있다.

최근 올리브영 전국 판매사원들을 대상으로 강의를 진행했다. 다음 달에 론칭될 색조메이크업 도구 브랜드에 대한 셀링포인트 사전 교육이었다. 전국 지역을 순회하면서 교육하러 다니다 보면 실제로 얻어 가는 부분이 더 많다. 고객 접점에 있는 판매사원들이 어떤 부분에서 반응이 오는지, 어떤 부분에서 정확하게 이해를 못하는지 현장에서 피드백을 받을 수 있다. 강의 중 질문들을 받다 보면, 제품의 어떤 부분을 더 강조해야 하고 보완해야 할지 판단이 서게 된다. 고객들의 화장품 구매 패턴은 정해져 있다. 그것을 분석하는 것도 중요하지만 아이템에 따라 구매하기 전 사용패턴 분석이 더 필요하다. 색조메이크업 도구 같은 경우도 마찬가지다.

판매사원들에게 강의를 하기 전 몇 가지 질문을 던진다. 이 부분은 꼭 필요하다. 판매사원들이 모든 제품에 관심을 가지고 있다고 생각하면 큰 오산이다. 판매사원 취향에 따라 사용편차도 심하다. 왜냐하면 해당 아이템에 대한 판매사원들의 관심도에 따라 그 지역의 해당 아이템 판매율이 좌지우지되기 때문이다. 그래서 이번에도 교육하기 전에 질문부터 시작했다.

"평소에 화장을 하는 편인가요? 색조 풀 메이크업까지 하는 사람 손들어 보세요."
"파운데이션을 바를 때 브러시 등 도구를 사용하고 있나요?"

질문에는 거수로 답하는데 곧장 판매사원 중심으로 2차 질문에 들어간다.

"파운데이션을 바를 때 어떤 메이크업 도구를 사용하나요?"
"메이크업 도구 없이 어떻게 화장을 하나요?"

그런 다음 그날 강의에 대한 방향을 결정하게 된다. 대부분이 제품 교육 등 강의를 진행할 경우 해당 내용을 전달하기에 급급하다. 그러면 아무런 효과를 얻지 못한다. 이날 강의에서도 대부분의 판매사원들이 화장할 때 도구를 사용하지 않았다. 주로 손으로 쓱쓱 바르는 수준이었다. 이 부분을 모르고 강의를 진행했다면 왜 브러시를 사용해야 되는지에 대한 관심을 이끌어 내지 못했을 것이다. 그런 일련의 과정을 통해 얻은 데이터를 가지고 매장 매대에 셀링포인트를 비주얼적으로 바로 적용시킨다. 그러면 놀라울 정도로 현장에서 반응이 오고 바로 매출로 이어진다. 실제로 론칭 주력 아이템은 바로 품절되었다. 그리고 3개월 만에 뷰티도구 카테고리 1등 브랜드로 자리매김했다. 그리고 2017년 올리브영 전략상품으로 선정되는 쾌거를 이뤘다.

나는 강의를 통해 교육이 얼마나 중요한지 새삼 느끼고 있다. 일부 BM들은 판매사원 교육에 노력을 기울여야 하는 이유를 잘 알지 못한다. 전국 지역을 돌아다니며 교육하는 것부터 썩 내켜 하지 않는다. 그런 마음가짐으로 교육을 하니 효과가 나타날 리 만무하다. 심지어 회사조차도 교육에 대해 중요하게 생각하지 않는 곳이 많다. 이런 회사일수록 정작 판매제품에 대해 무관심한 직원들이 넘쳐 나는 악순환이 되풀이된다. 그리고 대부분 실패 요인을 다른 곳에서 찾는다. 나는 여러 채널에서 강의하면서 이런 문제점을 크게 느꼈다. 이것을 바탕으로 여러 채널에서 활동하는 강연가로서의 삶을 살고자 한다.

회사생활을 하다 보면 대표의 경영철학이나 마인드에 따라 움직여야 할 때가 많다. 때로는 거래처에 거짓말을 하기도 한다. 담당자가 의도해서 하는 거짓말이 아니라 대표나 상사가 시켜서 하게 되는 경우다. 그게 나중에 거래처에 발각되었을 경우 담당자가 오롯이 그 죄를 뒤집어쓰기도 한다. 상황을 그렇게 만든 윗선들은 오히려 담당자를 몰아세우며, 자기 안위에만 신경 쓰기 바쁘다. 조직에서 살아남기 위해 부하직원들을 철저히 짓밟아야 하는 대상으로 이용한다. 묵묵하게 일할수록 성과가 없다고 판단하는 상사들도 무수히 많다. 이런 상황들이 직장에서 빈번하게 일어나고 있다. 심지어 윗선의 비위를 잘 맞추고 입으로만 일하는 직원들을 회사는 더 신뢰한다. 소처럼 일하는 직원은 소처럼 부려 먹다가 죽게 내버려 둔다.

대부분의 직장인들은 회사를 다니면서 자기계발도 나름 열심히 한다. 그러나 중간관리자, 상급관리자로 올라가는 준비는 왜 하지 않는 걸까? 그 위치로 승진한다는 것은 단순히 업무 성과가 좋을 뿐 아니라 조직 관리까지 잘해야 된다는 뜻이다. 부하직원이 잘 성장할 수 있도록 이끌어 주는 능력도 당연히 키워야 된다는 것이다. 왜 이 부분은 간과하는 것일까? 상급관리자부터 조직 업무 성과 50%, 개인 업무 성과 50%로 비중을 두는 데는 이유가 있다. 그만큼 자기 성과도 중요하지만, 조직을 잘 이끌어 가는 부분이 더 중요하다는 것이다.

결혼을 하고 자녀가 생기면서부터 부부는 부모의 역할을 제대로 하기 위해 준비한다. 여러 가지 시행착오를 겪으면서 가족 모두가 다 같이 성장한다. 그런데 회사에서의 나의 역할을 업그레이드시키기 위해서는 왜 노력을 하지 않는가? 그래서 나는 결심했다. 위기에 처해 있는 기업들의 공통점을 통해 성공한 회사로 갈 수 있는 방법에 대해 알려 주기로 한 것이다.

중간관리자 교육부터 제대로 운영하면 조직은 잘 활성화된다. 조직 간의 소통 능력도 향상되고 업무 효율도 올라간다. 그러면 매출은 저절로 따라오게 된다. 사실 부서별로 업무가 상이하다고 느끼지만 유기적으로 모든 업무가 연계되어 있다. 하나라도 틀어지기 시작하면 그만큼 시너지를 기대하기 어렵다. 그래서 끊임없이 직원들에게 동기부여를 해 주고 서로가 발전할 수 있도록 의식을 확장시켜 주는 좋은 시스템이 교육이다. 교육을 통해 회사와 직원 간에 소통할 수 있는 연결고리가 생겨나고 신뢰가 쌓인다. 그러면 직원들은 주도적으로 업무를 이끌어 나가게 된다.

기업이 성장하기 위해서는 조직, 구성원이 원하는 시스템을 제공해 주는 것이 가장 중요하다. 폐쇄적이고 수직적인 기업문화를 변화시키는 게 급선무다. 그래서 강연뿐만 아니라 컨설팅, 코칭까지도 진행하려고 한다. 이렇게 진행할 수 있는 원동력은 단 하나였다. 모든 업무를 내 일이라고 생각하고 열정적으로 임했다는 것. 그래서 할 수 있는 기회들이 많이 주어졌다.

이 시대는 한 가지 기술에만 집중하기보다 기존의 틀, 경계를 넘나드는 융·복합적인 능력을 요구한다. 회사에서도 마찬가지다. 그 틀에서 벗어나지 못하고 함정에 빠져서 한 단계도 성장하지 못하면 도태된다. 나는 여러분에게 '평생 직장생활을 할 것인가?'라고 묻고 싶다. 우리 모두 언젠가는 지금 몸담고 있는 조직에서 스스로, 혹은 타의로 나와야 한다. 든든한 방패 같은 조직의 명함이 사라지고 나면 스스로 조직을 구축하고 운영해야 한다.

나는 직장인을 대상으로 멘토링을 할 때 한 분야의 전문가 (specialist)보다 특화된 능력과 다양한 경험을 가진 제너럴리스트 (generalist)가 될 것을 강조한다. 왜냐하면 자신의 분야만 알고 있어서는 어디에서건 리더가 되기 어려운 게 현실이기 때문이다. 그리고 회사를 나오더라도 내 조직이 필요한 시점은 온다. 그때는 내가 각 분야의 전문가를 융합시킬 줄 알아야 한다. 항상 실무자로서만 일할 것인가? 그들과 소통하면서 최종 결정을 내릴 수 있어야 한다.

나도 처음부터 이런 생각을 가졌던 것은 아니다. 한 분야에만 쭉 있었던 사람들을 상담해 오면서 그들이 하나의 틀 안에 국한될 뿐 그 이상을 벗어나지 못하는 경향이 짙다는 것을 알게 되었다. 그래서 빠른 시간 내에 신소재, 트렌드를 꾸준히 파악하고 새로운 채널, 조직, 시스템에 대해서도 다양하게 설계를 해 왔다. 그래서 여러 채널에서 강연을 진행해 도움을 제공할 수 있는 준비가 되었다. 이제는 제2의 인생을 꿈꾸는 10년 차 이상의 직장인들에게 꼭 필요한 가치를 부여하는 강연가로서의 삶을 살고자 한다. 나도 방송인 송해 선생님처럼 90세가 넘어도 강연할 수 있기를 간절히 소망해 본다.

04

네이티브 스피커로 거듭나기

누구나 한 번쯤은 다른 언어를 유창하게 하고 싶다는 꿈을 꾼다. 내가 세운 인생 플랜 중에 유일하게 이루지 못한 것이 하나 있다. 그것은 바로 네이티브 스피커다. 나는 영어 하나만이라도 원어민 수준까지 올라서고 싶다는 소망을 갖고 있다. 7080세대라면 누구나 입시와 취업을 위해 영어공부에 목숨 걸다시피 했다. 나 또한 시험 위주의 영어공부를 했던 기억이 있다. 그랬기에 영어공부가 즐겁지 않았다. 그래서인지 아직도 영어는 극복해야 될 큰 과제로 남아 있다.

8년 전, 시험 위주의 영어공부가 아닌, 커뮤니케이션을 위한 영어를 공부하고 싶었다. 그래서 직장생활을 하다가 사표를 내고 영국으로 어학연수를 떠났다. 희한하게도 오히려 해외로 나가니 그렇게 안 되던 영어가 자연스럽게 나왔다. 현지에서는 탄력을 받아서인지 재미있게 공부했다. 하지만 한국에 들어오자마자 영어를 사용할 기회가 줄어들면서 자신감이 사라지기 시작했다. 심지어 평소에 잘 사용하던 영어 표현조차도 잘 기억나지 않았다. 특히 비즈니스를 해야 될 상황일 때는 더 심해졌다.

내가 인생의 롤모델로 삼고 있는 인물 중에 배우 김혜수가 있다. 세월이 지나도 여전히 자기관리를 잘할 뿐 아니라 항상 독보적인 자신만의 영역을 구축하고 있다. 같은 여자로서도 멋있다는 표현이 저절로 나온다. 특히 가장 인상 깊었던 부분은 그녀가 5개 국어 능력자라는 사실이다. 사실 대부분 김혜수를 건강한 섹시미를 가진 배우로 알고 있을 뿐 '뇌섹녀'라는 것을 아는 사람은 몇 안 된다. 그녀는 영어, 중국어, 일본어 게다가 스페인어까지 5개 국어를 구사한다. 특히 영어회화 실력은 네이티브 스피커 못지않다고 한다.

사실 나는 김혜수가 영화나 드라마에서 외국어 대사를 할 때 연기를 잘해서 세심한 부분까지 표현하는 센스가 뛰어난 줄로만 알았다. 하지만 알고 보니 작품의 완성도를 높이기 위해서 외국어를 배우게 되었다고 한다. 특히 2014년도에 그녀는 일본 드라마 〈파견의 품격〉을 리메이크한 작품 〈직장의 신〉에서 슈퍼갑 계약직 미스 김 역을 맡았다. 124개에 달하는 자격증을 가진 캐릭터로, 그녀는 촬영하기에 앞서 포클레인, 투우, 살사, 스페인어 등을 직접 배웠다고 한다. 드라마 속에서 스페인어로 하는 짧은 대사도 철저하게 준비하면서 스페인어를 잘하게 되었다고 한다.

단 1mm라도 더 성장하기 위해 최선을 다한다는 그녀의 당찬 목소리가 아직도 기억에 남는다. 배우가 한 작품을 준비하며 이렇게까지 열정적이고 프로페셔널한 모습을 보여 주기 위해 끊임없이 노력한다는 것에 박수를 보낸다.

요즘 한국 배우들의 할리우드 도전이 끊임없이 이어지고 있다. 그중에서도 배우 이병헌에 필적할 만한 이는 없다. 사실 인간적으로 좋아하는 배우는 아니지만 그의 노력만큼은 인정해 주고 싶다. 이병헌의 할리우드 진출은 돌아가신 아버지에게 보여 주고 싶은 마음이 원동력이었다고 한다. 하지만 진짜 할리우드 입성을 계획한 것은 어학이었다. 단어를 외우고 개인 레슨을 붙여 가며 영어에 매달렸지만 한계가 있었다. 그래서 선택한 방법이 미국에 계신 네이티브 스피커 외삼촌을 한국으로 오게 해서 24시간 옆에서 영어로만 대화하게 만들었다고 한다. 심지어 잠꼬대도 영어로 했을 정도였다고 한다. 얼마나 영어에 미쳐 살았는지 짐작이 가는 대목이다. 그래서 웬만한 외화는 자막 없이 볼 정도가 되었고 미묘한 뉘앙스의 차이도 잡아낼 수 있을 정도로 눈과 귀가 트이기 시작했다고 한다. 정중한 표현부터 슬랭까지 두루두루 말할 정도였다고 하니 놀라웠다.

단적인 예를 들었지만 하나의 공통점은 있다. 그들에게는 단순히 영어를 잘해야겠다는 수준을 넘어서서 인생의 목표가 있었다. 작품의 완성도를 높이기 위해, 할리우드로의 성공적인 진출을 위해 영어가 그들의 손과 발이 될 수 있도록 24시간 영어에 노출되는 환경을 만든 것이다. 그러나 직장인으로서는 그런 환경을 만들어 낸다는 것 자체가 쉽지 않다.

사실 영어는 자신감이다. 단어가 갑자기 기억이 안 나더라도, 문법이 틀리더라도 충분히 대화가 가능하다. 우리도 외국인이 서툰 한국말을 하면 비웃는 게 아니라 마음을 열고 들어 주듯이 그들도 마찬가지다. 나는 이런 부분을 잘 알기에 외국인들과 독대하는 자리에서는 영어로 말하는 것을 두려워하지 않는다.

그런데 한국인들이 여럿 모인 자리에 외국인 친구가 합석하거나 갑자기 영어로 이야기할 상황이 생기면 순간 긴장하게 된다. 내가 혹시라도 영어를 하는 도중에 문법이나 단어 등 실수라도 하지 않을까, 나의 부족한 영어 실력이 노출되지는 않을까, 남들이 나를 어떻게 평가할까 하는 두려움이 생긴다. 비단 나만의 문제만이 아니라 의외로 이런 고민을 하는 사람들이 많다. 특히 업무적으로 영어를 해야 될 때 더욱 그렇다.

실제로 주변의 영어를 좀 하는 사람들을 보면, 시민권자이거나 몇 년 동안 해외에서 살다가 온 경험들이 있다. 그들과 사석에서 만날 때는 긴장하지 않다가도 업무적으로 만날 때는 상당히 낯을 가리게 된다. 나는 어학연수를 5개월 다녀왔는데 그 정도면 여행이라고 봐도 무방하다. 사실 그때까지만 해도 영어로 생계를 유지해야 되는 직업도 아니었다. 하지만 영어를 잘하게 되면 할 수 있는 업무영역이 넓어지고 몸값을 높일 수 있다.

현재 한국의 뷰티 시장은 중국에 집중되어 있다. 그래서 국내 제조사 실무자들 사이에서는 중국어를 배우는 게 열풍이다. 그런 분위기 속에서도 나는 전화로 하는 영어 'YBM 시사폰'을 꾸준히 2년 정도 공부했다.

나를 가르쳐 주던 선생님은 한류가 열풍인 필리핀 사람이었다. 그 덕분에 한국 드라마, 가수, 연예인 등 이야기할 주제가 무궁무진했다. 매일 야근하느라 밤 10시, 11시에 퇴근하더라도 꼭 중간에 시간을 내서 수업을 들었다. 정말 악착같이 영어공부를 했다.

그래도 실력은 늘 제자리였다. 만 2년이 지났음에도 영어 실력은 올라가지도, 내려가지도 않는 딱 그 수준이었다. 결국 회의감을 느끼고 중단한 상태다. 영어를 공부하는 것이 아닌, 할 수 밖에 없는 주변 환경이 되도록 만들어야 한다는 조언을 새삼스럽게 느끼고 있다. 요즘 들어 다시 영어공부를 해야겠다는 결심이 서게 되었다.

지금 내가 몸담고 있는 회사는 수입 브랜드를 국내 유통채널로 전개시키는 회사다. 그래서 미국, 영국, 독일 등 해외 글로벌 브랜드 본사와 커뮤니케이션을 할 때가 많다. 주로 이메일로 주고받지만, 수시로 콘퍼런스 콜 진행도 해야 한다. 연 1~2회 정도 해외 본사 담당이 한국을 직접 방문해 회의를 진행한다. 해외영업팀처럼 영어 사용 비중이 높지는 않다. 하지만 나는 해외 제조사를 연계한 신제품 개발 및 글로벌 브랜드를 위한 해외채널 신규 개척 등 신사업 팀장을 맡고 있다. 덕분에 영어를 하지 않으면 안 되는 상황에 놓였다.

지난 주말에도 글로벌 브랜드 추진 관련 해외 에이전시 대표들과의 미팅 건으로 홍콩 출장을 다녀왔다. 국내 최초로 싱가포르, 필리핀, 한국 동시 3개국 론칭을 진행하는 큰 프로젝트다. 그러다 보니 3개국의 각 대표들이 서로 시간을 맞추기가 힘들다. 결국 중간 지점인 홍콩에서 주말에 만나 미팅을 진행했다. 정말 많은 이야기가 오갔다. 각 나라의 시장상황, 사업의지 및 역할, 수익 배분&비용분담 등 3시간 30분에 걸쳐서 미팅을 진행했다. 그리고 쉴 틈도 없이 시장조사를 1시간 30분 만에 끝내고 공항으로 이동했다.

그렇게 한국에 도착하니 버스는 이미 끊긴 뒤라 공항철도 막차를 타고 김포공항까지 와서 택시를 타고 집에 들어왔다. 도착하니 새벽 2시였다. 4시간 자고 바로 다음 날 출근하는 일정에 맞춰 계속 움직였다.

　나는 제2의 인생을 꿈꾸고 있기에 주말도 없이 미친 듯이 일하고 있다. 이 프로젝트가 내 인생의 커리어에 한 획이 되어야 하기 때문이다. 이 프로젝트의 키 어카운트 매니저로서 성공적으로 해외 유통채널까지 장악하고자 한다. 내가 준비하고 있는 책과도 연관이 있기 때문이다. 이 프로젝트를 하나의 성공사례로 꼭 소개하고 싶다. 그래서 싱가포르, 홍콩 등 동아시아를 시작으로 전 세계에서 내 책이 출판되길 간절히 바라고 있다. 또한 그것을 계기로 해외에서도 강의 요청이 들어오게 된다면 얼마나 좋을까? 벌써부터 행복한 상상을 하게 된다.
　영어 하나 때문에 매번 한계에 부딪쳤지만 이번 프로젝트를 계기로 네이티브 스피커로 거듭나고 싶다. 나는 잘해낼 수 있을 거라는 희망을 다진다.

빛 걱정 없이
매월 10억 원 벌기

우리나라 35세 개인의 평균 부채는 6,780만 원에 달한다고 한다. 대부분 20대부터 학자금 대출을 받으면서 부채 인생이 시작된다. 학교를 다닐 때부터 주거비용도 같이 발생되는데 이는 취업해서도 해결되지 않는다. 오히려 결혼시기가 닥치면 대부분 은행 돈으로 집을 산다. 서울 역세권에 신혼집을 장만할 수 있는 정도면 충분히 여유가 있는 집안이다.

그러나 대부분 출퇴근에 한 시간 이상 소요되는 외곽에서 집을 구하게 된다. 그것마저도 대출을 끼고 산다. 어디 그것뿐인가? 자동차, 가전제품 등을 구입할 때도 할부를 이용한다. 이젠 빚 없이 결혼하기는 어려운 시대가 되었다. 그래서 결혼해서 대출금을 갚느라 아기를 편하게 가질 수도 없는 상황이 되었다. 이미 모두가 평생 '빚'이라는 무거운 짐을 지고 살아가고 있다.

내 주변에도 결혼 5년 차 이상인데 아직 아이가 없는 친구들이 많다. 그들의 공통점은 대부분 직장생활을 하고 있으며, 애가 생기면서 일어날 수 있는 변화에 대해 두려움을 갖고 있다는 것이다. 무엇보다도 매월 고정적으로 들어가야 하는 비용에 대한 압박감이 가장 크다. 아이가 생기면서 일을 쉬어야 되는 상황이 오지만 다시 제 위치로 돌아갈 수 없다는 현실을 부정할 수 없기 때문이다.

나는 여성이 가장 많이 근무하는 화장품 회사에 다닌다. 서른아홉 살인 나는 여직원 중에서 최고령자다. 나조차도 인생의 롤모델로 삼고 싶은 여성 선배를 회사에서 눈 씻고 찾아볼 수가 없다. 여성들이 30대 후반으로 갈수록 출산, 육아의 영향을 받기 때문이다. 특히 35~39세 경력단절 여성이 6개월에서 2년 내 재취업하는 경우가 5.6%에 불과할 정도로 제 위치로 돌아가기 힘들며, 결국은 시간제근무 등 비정규직으로 일하게 된다.

나의 모토는 '길을 찾아라. 아니면 만들어라'다. 그래서 현실을 탓하지 않고 스스로를 훈련시키면서 내 살길은 내가 만든다는 생각으로 살고 있다. 그동안 살아오면서 우여곡절이 많았다. 가장 믿었던 사람에게 사기도 당하고, 보증을 서면서 그것도 고스란히 나에게 채무로 넘어왔다. 그 영향으로 사랑하는 가족들에게 상처를 안겨 주는 결과를 낳게 되었다. 그래서 나도 모르게 찾아온 우울증과 대인기피증으로 자살하고 싶다는 생각까지 하게 되었다. 그러면서 '내가 왜 이렇게 살아야 되나'라는 생각이 문득 들었다. 다시 악착같이 살아남아야겠다고 다짐했다. 그리고 정말 미친 듯이 일했다. 내 마음을 스스로 돌보지 않은 상태에서 일에 집중하면서 역경을 이겨 내기 위해 애썼다.

그러자 결국 더 큰 후유증이 생겨났다. 얼굴은 점점 까맣게 변해 가고 몸은 지칠 대로 지쳐 있었다. 링거를 맞으면서 일했다. 정말 미친 듯이 치열하게 살았다. 그래도 삶은 나아지지 않았다. 매월 돌아오는 채무와 마음의 빚이 남아 있었기 때문이다. 겪어 보지 않은 사람은 절대 이해할 수 없다. 내가 세상에서 가장 힘든 부분으로 받아들이는 것이 '빚'이다. 그래서 일단 빚부터 청산하고 싶다. 재테크라는 부분도 있지만, 그동안 사기도 당하고 역경에 부딪치면서 생겨난 빚에서 자유로워지고 싶다.

작년 KBS 2TV 예능 간판 프로그램 〈해피투게더〉에 룰라의 이상민이 나왔다. 표절 시비, 이혼, 사업 실패, 채무 등으로 각종 구설수에 오르면서 한동안 지상파에서 볼 수 없었다가 몇 년 전부터 빚 69억 8,000만 원이라는 채무 캐릭터로 활동하고 있는 그였다.

개인적으로 처음부터 이상민의 팬은 아니었다. 하지만 이전 한 신문기사에서 본 "정말 어떨 때는 너무 힘들 정도로, 지긋지긋할 정도로 포기하지 않고 갚고 있다."라는 이상민의 말이 너무나 내 가슴에 와 닿았다. 왜냐하면 그 정도 무게의 채무는 아니지만, 지긋지긋할 정도로 포기하지 않고 갚고 있는 나 자신을 보고 있어서다. 정말 이상민 덕분에 많은 힘을 얻었다.

이날 방송에서 이상민이 "난 그야말로 폭삭 망한 사람이다. 채무가 69억 원이었는데 거의 다 갚았다. 2017년이면 다 정리될 것이다. 내가 잘못해서 저지른 일을 수습하고 있는 것일 뿐이지 박수 받을 일은 아니다. 하지만 나 같은 처지의 사람들이 나 때문에 용기를 얻었다는 말에 포기할 수도 없다. 그런 말에 오히려 내가 힘을 얻었다."라고 말하는데 그때 나는 '빚'의 아이콘이 아니라 정말 인생 역전의 아이콘을 보는 것 같았다.

보통 이런 상황이 닥치게 되면 개인 파산 신청을 통해서 빠른 시간 내에 해결하려고 하는데, 이상민은 그리하지 않았다. 오히려 이상민은 법이 정해 준 개인 파산 과정을 밟지 않고 스스로 평생 갚겠다고 약속한 것을 지켜 나가고 있다. 진정한 인생 역전이라고 생각한다.

내가 가장 이루고 싶은 소원은 매월 10억 원을 버는 시스템을 만드는 것이다. 현재 한국의 현실로는 둘이 합쳐 매월 500만 원 이상 벌어도 삶이 팍팍하다. 그러면 매월 1,000만 원 번다고 삶이 윤택해질까? 내 주변에 실제로 연봉 1억 원을 버는 친구들이 있다. 그런데 실제로 세금을 떼고 나면 매월 670만 원 정도가 들어온다. 이 또한 상당 부분 자식의 교육비로 지출되고, 품위유지비 또한 만만치 않게 지출된다.

내가 가진 목표는 베스트셀러 작가, TV 등 강연활동, 인큐베이팅 1인 기업가로서 활동하는 것이다. 내가 이루고자 하는 목표인, 빚 걱정 없이 나 스스로도 행복을 느끼면서 나와 함께하는 사람들까지 윤택해지려면 도대체 어느 정도 벌어야 될까, 라는 생각을 안 해 볼 수가 없다.

그래서 이미 유명세를 타고 있는 분들의 시스템을 들여다보았다. 단적인 예로 김미경 강사가 운영하는 사이트가 있다. 1인 창업으로 출발해 지금은 기업으로 확장되었다. 수많은 강연활동과 TV 출연 그리고 코칭까지 혼자서 소화해 낼 수 없는 상황에 이르러 직원까지 두고 있는 것을 확인할 수 있었다. 직접 운영해 보지 않았기에 시스템을 머릿속으로 그려 보았다.

예를 들어, 기업체 및 관공서 등에서 의뢰가 들어오면 강연 콘셉트에 맞게 내용을 만들어야 한다. 오프라인에서 강연이나 코칭 하는 콘텐츠를 영상물로 편집도 해야 한다. 그래서 오프라인으로 참여하지 못한 고객들이 온라인을 통해 볼 수 있게 해야 할 것이다. 그리고 대표 강사가 끊임없이 활동하고 있다는 소식을 여러 채널을 통해서 홍보 및 마케팅 활동을 해야 할 것이다. 이 모든 것을 혼자서 다 하지는 못한다. 이렇게 진행하기 위해서는 경영지원, 디자인, 마케팅, 홍보 등 각 전담 직원들이 필요하고 일할 공간도 마련해야 한다. 바이럴 및 PR 대행사 활용까지 염두에 둔다면 고정비용은 늘어날 수밖에 없다. 단순하게 매월 매출 1억을 번다고 했을 때, 일련의 과정을 순탄하게 진행할 수 있을까, 라고 생각했다. 내가 생각하는 시스템으로 사업을 진행하려면 최소한 매월 10억 원 정도는 매출이 나와야 한다. 이를 위해 계획을 세워 보았다.

■ 매월 10억 원 만들기 마스터플랜 7단계

1. 매년 공저 포함 책 3권을 완성하겠다고 목표를 세운다. 매월 10억 원을 만들기 위해서는 우선 '나'를 알릴 수 있는 성장 동력을 만들 필요가 있다.

2. '김리나'라는 퍼스널 브랜드를 카페 및 블로그를 통해 끊임없이 업그레이드한다. 10년 차 이상 직장인들이 퇴사 후 1인 창업할 수 있도록 맞춤별 강연, 체계적인 코칭 및 1:1 컨설팅까지 다양한 프로그램을 설계한다.

3. 강연, 코칭, 카페 활동으로 매월 1억 원의 매출을 낼 수 있는 1인 창업부터 성공시킨다. 뭐든지 한 번에 만들기는 어렵다. 단계별로 목표를 세워 이뤄 나간다.

4. '김리나' 경영연구소를 통해 10년 차 이상 직장인 퇴사 성공

사례를 끊임없이 배출한다. 그래서 나를 믿고 따르는 지식경영 핵심조직을 구축한다.

5. 언론 및 방송을 통해 본격적으로 활동하며 파워풀하게 브랜드 가치를 높인다. 10년 차 이상 직장인 대상을 넘어서는 터닝포인트를 맞이한다.

6. 한국뿐만 아니라 전 세계적으로 팔로워를 100만 명 이상 만든다. 그래서 해외에서 초청받는 강연가로서도 활동하고 전 세계에서 내 책이 출판되게 한다.

7. 월 매출 10억 원을 만들 수 있는 '캐시 카우'의 비즈니스를 구축한다. 특별한 투자활동 없이도 지속적으로 돈을 벌어다 주는 상품이 있어야 한다.

2017년 희망찬 미래를 위해 한 걸음씩 나아가고 있다. 이미 마스터플랜 1, 2단계를 같이 준비하고 있다. 7단계까지 이루어질 날이 머지않았다고 나는 확신한다.

Chapter 5

모두가 행복한
세상 만들기

———————— 송세실

송세실 ——————————————

간호사, 미니멀라이프 코치, 동기부여가, 심리상담가, 힐링 메신저, 동물보호운동가

종양 파트에서 근무하는 현직 간호사로, 미니멀라이프 코치이자 유기견 보호 활동을 하는 활동가다. 미니멀라이프를 통해 진정한 자신과 만나게 되었고, 그 경험을 사람들과 나누며 소통하고 있다. 사람과 동물 모두에게 위로가 되어 주고 희망을 줄 수 있는 사람이 되는 것이 목표다. 저서로는 《부모님에게 꼭 헤드리고 싶은 39가지》가 있으며, 현재 미니멀라이프에 대한 개인저서를 집필 중이다.

E-mail violue@hanmail.net
Blog http://blog.naver.com/riyon7

01

첼로로
'리베르탱고' 연주하기

그 곡을 처음 들은 것은 드라마 〈베토벤 바이러스〉에서였다. 드라마를 안 본 사람도 들어 봤을, 유명한 "똥.덩.어.리."라는 대사를 낳은 에피소드에 나온 곡이다.

첼리스트의 꿈을 가졌던 음대생 정희연은 삶에 치여 엄마로 아내로 주부로 살아야 했다. 뒤늦게 자신의 꿈을 이루고 싶었지만 현실은 녹록지가 않았다. 헌신했으나 헌신짝처럼 취급하는 가족, 천재적이지만 독사 같은 혀를 가진 지휘자 강마에는 그녀를 '똥덩어리'라 표현한다. 무엇보다도 그녀를 힘들게 했던 것은 아마도 이러한 주변의 평가에 순응해 버리는 그녀 자신이었을 것이다.

그러나 그녀는 그 모든 두려움과 비난과 모욕을 뛰어넘어 첼로를 연주한다. 마치 알을 깨고 나온 새가 날아오르듯이 엄마, 아내,

주부, 똥 덩어리가 아닌 '첼리스트 정희연'이 된 것이다. 그녀가 첼로 솔로파트를 극적으로 연주해 내며 비상했던 곡은 바로 아스토르 피아졸라의 '리베르탱고(Libertango)'다.

처음 이 곡을 들었을 때 느낀 강렬함은 아직도 잊을 수 없다. 극 중에서 정희연은 첼로를 연주하기 위해 무대에 오른다. 그때 그녀를 잡기 위해 그녀의 남편이 연주장으로 쫓아 들어온다. 남편이 자신을 잡으러 성큼성큼 다가오는 것을 보며 두려움에 떨던 희연은 이내 결심한 듯이 눈을 꼭 감고는 첼로를 연주한다. 그때 느꼈던 전율이란…. 아름답고 우아하며 슬프지만 강인한 정희연과 참 잘 어울리는 곡이라고 생각했다. 그때부터 지금까지 나는 이 곡을 사랑해 왔다. 내 휴대전화 벨소리 또한 몇 년째 '리베르탱고'인 것만 봐도 나의 애정이 증명된다.

이 곡은 여러 가지 버전을 갖고 있다. 피아노 트리오, 현악 4중주, 오케스트라 연주들이 있지만 내가 가장 좋아하는 것은 아무래도 드라마에 나온 오케스트라 버전이다. 처음 그 음악을 접했을 때의 강렬한 기억 때문이기도 하고, 오케스트라 특유의 웅장하면서도 화려한 음에 첼로의 묵직한 선율이 더해지면 아름다우면서도 처연한 곡이 완성되기 때문이다. 마치 향수와 고독에 찌든 이민자들의 한이 녹아 있는 '탱고' 그 자체처럼 말이다.

나는 탱고 음악을 꽤 좋아한다. 어떤 이는 탱고에 녹아 있는 정서가 우리네 한(恨)과 비슷한 맥락이라서 한국 사람들이 탱고를 좋아하는 것이라고 말한다. 그 의견이 사실인지는 알 수 없으나 처음 탱고라는 음악을 접했을 때 거부감 없이 받아들여진 것으로 보아 적어도 나와는 잘 맞는 음악인 듯하다.

내가 처음으로 탱고를 접한 것은 영화 〈여인의 향기〉에서였다. 사실 나는 이 영화의 단 한 장면, 그 유명한 알 파치노와 가브리엘 앤워가 탱고를 추는 장면만 보았다. 그때 나온 음악과 춤이 너무 아름다워서 그 순간 나는 탱고를 사랑하게 되었다.

그렇게 나는 탱고를 사랑했고, 탱고 음악을 사랑했다. 그러다 피아졸라의 '리베르탱고'를 알게 된 것이다. 피아노를 연주할 수 있었던 나는 그 곡을 피아노로 연주해 보기도 했지만 마음에 차지 않았다. 내 느낌으로는 첼로의 묵직한 선율이 더해져야 이 곡이 더 아름다울 것 같았다. 그래서 첼로를 배워서 연주해야겠다는 생각을 하게 되었다. 어쩌면 첼로에 대한 내 개인적인 애정이 그런 생각을 하게 만들었는지도 모른다.

왜 하필 첼로였는지도 모르겠다. 사실 나는 첼로에 별로 관심도 없었다. 그러던 내가 뜬금없이 첼로라니…. 그 누구보다 내가 가장 당황스러웠다. 그런데 주변 사람들은 "너랑 되게 잘 어울려.", "너 잘할 것 같아."라는 등 매우 긍정적인 반응을 보였다.

생각해 보니 첼로와 나는 비슷한 점이 있었다. 여자치고는 낮은 목소리와 첼로의 낮고 묵직한 음색이 꽤 닮았다고 느껴졌다. 그렇게 느끼고 나니 첼로가 더 좋아졌다. 그리고 몸통만 한 악기를 끌어안고 현을 연주하는 그 모습이, 연주되는 그 음색이 이루 말할 수 없이 섹시했다. 낮게 울리는 중저음의 첼로 음도, 급하게 현을 옮길 때 나는 스크래치 같은 음까지 다 섹시하고 멋졌다. 첼로는 내게 동경이 되었고 첼로를 연주하는 첼리스트의 모습에 내 모습을 대입해 보면서 혼자 흐뭇해한 적도 많았다.

나는 첼로를 배우기 위해 이것저것 알아보았다. 첼로를 배울 수 있는 학원, 연습용 첼로를 구입할 수 있는 곳, 가격 등등. 한번 결심하면 빨리 움직여야 하는, 성질 급한 전형적인 한국인인 나는 빠르게 준비를 해 나갔다. 그러다 예상치 못한 난관에 부닥치게 되었다. 그 난관은 바로 내 직업이었다. 간호사라는 직업 특성상 나는 손에 소독약과 물이 많이 닿는 데다 피부도 얇은 체질이라 습진을 달고 살았다. 그런 내 손은 현악기의 현을 버텨 내기 힘들어했다. 아쉽지만 첼로를 배우는 것을 그만뒀다.

하지만 포기한 것이 아니라 잠시 미뤄 둔 것이라고 생각했다. 지금 당장은 배울 수 없겠지만 언젠가 내가 간호사 일을 그만두게 되거나 또는 내 손이 습진에서 자유로워지는 날이 오면 다시 첼로를 배울 것이라 결심했기 때문이다. 그렇게 내 버킷리스트에 한 가지 항목이 더 추가되었다.

현악기를 배우면 처음에는 손이 갈라져 아프다. 그 상태가 반복되면 굳은살이 단단하게 잡혀 더 이상 갈라지지도 않고 아프지 않다. 우리의 인생과 비슷하지 않은가? 처음에는 견디기 힘들었던 시련들도 반복되면 마음에 굳은살이 생겨 더 이상 아프지 않다. 살면서 시련이 없을 수는 없다. 아프고 절망하는 일은 몇 번이나 일어날 수 있다. 그때마다 매번 아파하지 않게 조금씩 예방주사를 놔 주는 것일 수도 있겠다.

언젠가 내가 첼로를 배울 수 있는 날이 올 것이다. 한 음 한 음 꾸준히 배워서 내가 사랑하는 곡 '리베르탱고'를 연주하게 될 날도 올 것이다. 굳이 잘 연주할 필요는 없다고 생각한다. 나는 전문가가 아니고 그렇게까지 할 생각도 없다. 그저 내가 사랑하고 아끼는 사람들과 음악을 즐길 수 있을 정도면 족하다.

눈을 감고 가만히 그려 본다. 크리스마스도 좋겠고 새해도 좋을 것 같다. 뜻 깊은 날 내 소중한 사람들과 함께 모여 음식을 먹고 서로 즐거운 시간을 보내다 분위기가 무르익으면 내가 첼로를 가지고 나와 연주한다. 내가 아끼고 사랑하는 '리베르탱고'를 말이다. 그 공간에는 애정과 행복이 가득하게 될 것이다. 생각만으로도 설레는 기분 좋은 상상이다. 이 상상이 현실이 되는 날이 언젠가 올 것이다. 나는 즐겁게 그날을 기다린다.

02

베스트셀러 작가 되기

나는 어렸을 때부터 책을 좋아했다. 외동인 데다 부모님은 일로 바쁘시다 보니 자연스레 책과 친구가 되었다. 동네 작은 서점은 나의 놀이터였다. 나는 서점에 가면 책장 밑에 앉아서 몇 권씩 책을 읽어 댔다. 어느 날은 집중해서 책을 읽다가 뭔가 이상해 고개를 들어 보니 책장의 책들이 내 머리 위로 쏟아지려 하고 있었다. 간발의 차이로 피해서 크게 다치지는 않았지만 꽤 놀랐던 기억이다.

그렇게 책을 좋아했던 아이가 장래희망으로 소설가를 택한 것은 너무도 당연한 수순이었다. 또래 아이들보다 월등히 많은 독서량을 자랑했던 나는 글도 곧잘 쓰곤 했었다. 글짓기 대회에 나가서 상을 받은 적도 있었고, 지역 신문에 글이 실린 적도 있었다.

그 당시 나는 글쓰기에 천부적인 재질이 있다고 생각했다. 그래서 나의 꿈은 소설가에서 벗어난 적이 없었다. 나에게 글 쓰는 재능이 없다는 것을 깨닫게 되기까지 말이다.

중학생이 되어서도 나의 꿈은 소설가였다. 당연히 나는 그때도 각종 글짓기 대회에 나갔다. 재능이 있다고 생각했으니까. 그러나 현실은 냉혹했다. 작은 초등학교 울타리 안에서는 글 꽤나 쓰는 아이였을지 모르나 좀 더 큰 중학교라는 세계에서는 그저 평범한 아이에 불과했던 것이다. 그 사실을 깨닫게 되자 나를 지탱해 온 세계가 무너지는 느낌이 들었다. 그리고 무서워졌다. 중학교에서도 빛을 발하지 못하는 내 재능이 더 큰 세상에 내놓기에는 너무나도 보잘것없다 여겨졌다. 자신감이 없어진 나는 소설가라는 꿈을 버렸다.

시간이 흘러 한때 독서광이었고 소설가가 꿈이었던 아이는 고등학교를 졸업하고 대학에 입학하게 되었다. 부모님의 권유로 간호학과에 들어갔고 별다른 저항 없이 졸업 후 간호사로 취직하게 되었다. 일은 육체적으로도 정신적으로도 힘들었다. 하루하루 살아 내는 것이 너무 힘들다 보니 꿈이라는 단어는 사치처럼 느껴졌다.

그리고 10년이 흘렀다. 10년 차 직장인이 되어 보니 꿈이 얼마나 중요한지 알게 되었다. 그때까지 나는 그저 표류하고 있었다.

어디론가 가고는 있는데 목표가 없어서 그저 제자리만 뱅뱅 돌고 있다는 느낌을 받았다. 꿈이 없다는 것은 그런 것이었다. 망망대해에 항해를 나갔는데 나침반이 없어 어디로 가야 할지도 모르면서 그저 물에 빠지지 않게 열심히 노만 저어 대는 느낌이었다.

꿈을 꾸고 싶다고 갑자기 꿈이 척 하고 나타나는 것은 아니었다. 먼저 내가 진짜로 하고 싶은 것이 무엇인지 찾아야 했다. 그 과정은 어렵고도 길었다. 도저히 답이 보이지 않아 막막하던 그때, 내가 버렸던 꿈이 반짝하고 빛을 냈다. 그렇게 꿈이 다시 내게로 돌아왔다.

그러나 어렸을 때 무서웠던 세상이 커서 무섭지 않을 리 없었다. 심지어 지금은 그때 생각했던 것보다 글을 잘 쓰는 사람이 더 많아졌다. 그러나 '그래도'라는 생각이 계속 들었다. 한 번 버렸던 꿈을 두 번은 버리고 싶지 않았다. 나는 방법을 찾기 시작했다. 그러다 임원화 작가의 《한 권으로 끝내는 책쓰기 특강》이라는 책을 만나게 되었다. 그리고 그 책을 통해 〈한책협〉을 알게 되었다. 나는 바로 카페에 가입했고 〈1일 특강〉을 신청했다. 거기서 〈한책협〉의 김태광 코치는 이렇게 말했다.

"글 쓰는 것에 재능이 있어야만 책을 쓰는 것은 아닙니다. 재능이 없어도 책을 쓸 수 있어요. 세상은 여러분의 이야기를 기다리고 있습니다."

눈이 번쩍 뜨였다. 내 꿈을 지키고 이룰 수 있는 방법이 생긴 것이다. 그래서 나는 〈한책협〉의 〈책 쓰기 과정〉을 듣기로 결심했다. 세상 모든 일들이 그렇듯이 방법이 생겼다고 바로 해결되어 해피엔딩이 되지는 않는다. 나 역시 그랬다. 방법은 생겼지만 넘어야 할 산은 아직 남아 있었고 세상에는 글을 잘 쓰는 사람들이 너무 많았다.

포털 사이트 '다음 브런치'에 올라오는 글들만 봐도 입이 떡 벌어지게 잘 쓴 글들이 많다. 글이 맛있다고나 할까. 잘 쓰인 글을 보면 감칠맛이 난다. 어떤 글은 달콤하고 어떤 글은 쫄깃쫄깃하다. 내 글은 그런 맛을 내지 못하는 것 같았다. 아마도 스스로에 대한 믿음의 부족이 내가 넘어야 할 가장 큰 산일 것이다.

나는 〈한책협〉의 코치들에게 글을 잘 쓴다는 칭찬을 여러 번 들었다. 나는 그 말을 믿을 수가 없었다. '내가 정말 잘 쓰고 있는 것인가?', '이렇게 써도 되는 것인가?'라는 생각들이 끊임없이 나를 괴롭혔다.

그러던 어느 날, 산책을 하다 문득 '글을 꼭 맛깔나게 써야만 잘 쓰는 것인가? 그냥 내 식대로 담담하게 써도 되지 않을까?'라는 생각이 들었다. 내가 쓰는 글은 확실히 감칠맛이 나는 글은 아니다. 담담하고 담백하다. 내가 참여했던 공동저서 《부모님에게 꼭 해드리고 싶은 39가지》를 읽은 우리 어머니는 나의 글을 순수하다고 평가하셨다. 아마 그것이 내 글의 특징일 것이다. 순수하고 꾸밈없고 담백한 글, 마치 두부와 감자만 넣고 끓인 맑은 된장국 같이 말이다.

나는 사람들에게 위로가 되는 글을 쓰고 싶다. 꿈을 찾는 과정에서 타인에게 위로가 되어 주고 싶은 욕구가 내 안에 있음을 알게 되었다. 나는 글을 통해 더 많은 사람들에게 괜찮다고 말해 주고 싶다. 그리고 그런 글에는 나의 담담한 문체가 잘 어울릴 것 같다. 그렇게 생각하자 자신감이 생겼다. 세상에 글을 맛깔나게 쓰는 작가가 있으면 좀 심심하고 담백하게 쓰는 작가도 있을 것이다. 다른 것이지 틀린 것이 아니다. 위로를 건넬 때 가장 필요하고 중요한 것은 위로하려는 마음이다. 내 진심을 글에 담아 누군가에게 위로가 될 수 있다면 그것만으로도 행복할 것이다.

하지만 조금 더 욕심을 부려 보자면 베스트셀러 작가가 되었으면 좋겠다. 베스트셀러라는 것은 많은 사람들이 읽었다는 뜻이다. 그만큼 많은 사람들의 마음을 움직이고 위로가 되어 주었다는 방증이다. 그리고 베스트셀러 작가가 되면 나의 글에 조금 더 자신감이 붙지 않을까 하는 마음도 있다.

누군가는 스테디셀러 작가가 되고 싶다고 한다. 사실 길게 보면 스테디셀러가 더 좋은 것 같다. 나 또한 나의 책이 베스트셀러도 되고 스테디셀러도 되면 참 좋겠다. 그러나 그렇게 되지 못한다면 한순간만이라도 환하게 반짝하고 빛났으면 한다. 잊히고 버려졌던 내 꿈이 반짝였듯이 내 책도 그랬으면 좋겠다. 그래서 베스트셀러 작가가 되고 싶은 것이다.

지난 주말 강남에 있는 교보문고에 갔다. 서점 중앙에는 각 분야의 베스트셀러들이 진열되어 있었다. 그곳에 서서 한참 동안 그 책들을 바라봤다. 쟁쟁한 책들이 진열되어 있었다. 내가 구입한 책들도 있었고, 많은 사람들이 한 번쯤은 제목을 들어 봤을 책들이었다.

나는 그 앞에서 눈을 감고 내 책이 진열되어 있는 모습을 상상해 보았다. 이미 자리도 정해 놓았다. 1위는 솔직히 좀 힘들 것 같으니 적당히 상위권인 4위 정도가 딱 좋을 것 같다. 내 책이 오를 곳을 만져 보며 "이 자리쯤이 좋겠어. 잠깐만 기다려."라고 말했다. 그곳에 내 책이 놓이는 상상은 머지않아 현실로 나타날 것이다.

03

동물과 함께하는
따뜻한 세상 위해 힘쓰기

어느 겨울날 퇴근길이었다. 집으로 가는데 엄마에게서 전화가 왔다.

"네 아빠가 선물을 가져오셨다. 얼른 와."
"선물? 뭔데?"
"와 보면 알아."

2011년 12월 22일, 바로 그날이 나의 반려견 '미르'가 우리 집에 온 날이다.

평소 나의 지론은 '사람새끼 외에는 안 키운다'였다. 동물을 좋아하지만 한 생명을 끝까지 키울 자신은 없었기에 그저 보는 것만으로 만족하곤 했다. 그러던 내게 갑자기 강아지가 생긴 것이다. 그것도 어리고 엄청 예쁜 아이가 말이다.

처음 우리 집에 올 때 미르는 엄마 젖을 갓 뗀 상태였다. 혼자 부모 형제와 떨어져서 얼마나 불안하고 무서웠겠는가? 미르는 서랍장으로 만들어 준 임시 집에 웅크려 들어앉아 꼼짝도 하지 않았다. 긴장이 풀리면 나오겠거니 하고 가만히 두었더니 곧 나와서 여기저기 둘러봤다. 이제 괜찮겠다 싶어 거실에 미르를 혼자 두고 우리는 각자 방으로 들어가 잠을 잤다.

그날 새벽, 나는 미르가 우는 소리에 자다가 벌떡 일어났다. 무슨 문제가 생겼나 싶어 나가 보니 미르가 꼬리를 치며 안겨 오는 것이 아닌가? 혼자가 싫고 무서웠나 보다. 그날부터 미르가 우리 집에 완전히 적응하기까지 아버지와 내가 번갈아 가며 거실에서 미르와 함께 잠을 잤다. 그렇게 미르는 우리 가족이 되었다. 나는 원래 한번 잠들면 전쟁이 나도 모를 정도로 깊게 잔다. 그런 내가 미르의 작은 소리에 눈을 떴다는 사실이 지금 생각해도 신기하다.

처음에는 내가 거두게 된 생명이니 끝까지 책임지고 키워야 한다는 생각만 있었다. 그러나 시간이 지나면서 정이 쌓이고 애정이 진해지니 더 많은 것을 보게 되었다. 우리나라에서 대형견은 크게 환영받는 존재가 아니다. 진돗개인 미르는 더더욱 그러했다. 게다가 보신 문화가 있어서 혹시라도 미르를 잃어버리게 되면 녀석의 안위는 보장받기 어려운 세상이었다. 그 불안감으로 나는 미르가 잘못되는 꿈을 여러 번 꾸기도 했다.

그래서 나는 유기견 카페에 가입하기로 했다. 처음에 가입하게 된 동기는 내가 동물들에게 덕을 베풀어 그 복이 미르에게 가길 바라는 마음에서였다. 내가 어떤 강아지에게 도움이 되었다면 혹시라도 미르가 나와 헤어져 길을 헤맬 때 누군가는 내가 그랬던 것처럼 이 아이에게 도움이 되어 주길 바라는 마음이었다. 그렇게 시작한 활동이 어느새 4년이 넘었다.

지금에서야 고백하지만 시간을 되돌린다면 이 일을 하지 않았을 것이다. 그만큼 쉽지 않은 일이다. 내가 가입한 곳은 지역 시보호소와 연계되어 있는 곳이었다. 유기동물이 시보호소에 들어오면 7~10일의 공고기한을 거친다. 그 기간 안에 주인이 찾아오거나 입양되지 않으면 안락사가 시행된다. 내가 활동하던 카페는 시보호소와 연계해 공고기한이 지나도 아이들이 안락사 당하지 않게 시간을 버는 역할을 했다. 그곳에는 매일 공고기한이 지났는데도 입양되지 못한 개들에 대한 글이 사진과 함께 올라왔다.

그 명단에서 도담이를 보았다. 유기견 봉사활동을 하다 보면 일종의 공식을 알 수 있다. 어리고, 얼굴이 예쁘고, 작은 품종견들은 입양이 잘된다. 반대로 나이가 많고, 못생기고, 병들고, 덩치 큰 개들은 입양되지 못하고 늘 안락사 1순위에 오르게 된다. 그중 가장 많은 수를 차지하는 아이들이 바로 진도 믹스견이다. 도담이도 그랬다.

처음 보게 된 공고 사진 속에서 모든 것을 포기한 듯 멍하니 정면을 응시하던 그 표정이 마음에 걸려서 이 아이를 살려야겠다고 생각했다. 그러나 도담이에게는 입양 희망자는커녕 임시보호 희망자조차 없었다. 나 또한 그 아이를 입양할 상황이 되지 못했다. 나는 위탁이 필요하다면 돈은 내가 지불할 테니 저 아이를 살려 달라고 운영진에게 부탁했다.

때마침 배우 이용녀 씨가 도담이의 위탁을 받아 주었다. 도담이는 그렇게 약 한 달 만에 시보호소를 나올 수 있었다. 비쩍 마른 데다 어딘가 아팠는지 가는 길에 설사를 양동이 하나만큼 했다는 말을 들었다. 앞으로 아프지 말고 건강하게 살라는 의미로 '도담'이라는 이름을 선물해 주었다.

이용녀 씨의 말에 의하면 처음 도담이를 보았을 때 그 눈이 마치 삼청교육대에 다녀온 사람 같았다고 한다. 텅 빈 눈으로 그저 멍하니 허공만 보고 있었다고 한다. 짖지도 않아서 성대수술을 한 줄 알았다고도 했다. 며칠 뒤 실제로 만나게 된 도담이는 생각보다 어렸고 사진보다 더 아픈 모습을 하고 있었다. 도담이의 얼굴에는 가운데를 사선으로 가로지르는 흉터가 있다. 뾰족한 무언가에 긁히거나 다친 것 같은 흉터다. 그리고 온몸 군데군데에 담배로 지진 흉터가 있었다. 도담이의 겉모습과 행동을 통해 학대를 받았다는 사실을 유추해 볼 수 있었다.

도담이가 이용녀 씨 집에 가게 된 지 벌써 4년이 지났다. 처음에는 멍하니 허공만 보며 짖지도 못하던 도담이는 지금은 엄살쟁이에 어리광쟁이가 되었다. 게다가 진돌이라는 죽고 못 사는 친구도 생겼다고 한다. 언젠가 도담이의 상처까지 감싸 안아 줄 평생 가족이 생긴다면 입양을 보낼 생각이다. 그러나 아직까지는 진돌이와 그 집에 있는 것이 도담이에게 더 나은 듯해 서두르지는 않고 있다.

바야흐로 반려인구 천만시대다. 우리나라 국민 5명 중 1명은 반려동물을 키운다는 뜻이다. '펫팸족'이라는 신조어가 생기고 반려동물 관련 사업은 각광받는 사업 중 하나가 되었다. 그러나 매년 10만 마리의 유기동물이 발생한다. 유기되는 이유는 매우 다양하다. 짖어서, 혹은 짖지 않아서, 얌전하지 않아서, 아파서, 늙어서 등등 분명 처음에는 아껴 주고 사랑해 줬을 텐데 돌아설 때는 가차 없다.

유기된 동물들이 살 확률은 매우 낮다. 굶어 죽거나, 사고가 나서 죽거나, 혹은 잡아먹히거나. 운 좋게 구조되어 시보호소에 들어가도 공고기한이 지나면 안락사에 처해진다. 그 무수히 많은 죽음의 고비를 넘기고 좋은 사람에게 입양되는 것은 '천운'이라 표현하는 것이 맞을 것이다. 지금 이 순간에도 많은 사설 보호소의 수많은 유기견들이 이 천운을 얻기 위해 몸부림친다. 유기견 보호 단체 사람들은 그것을 도와주는 역할을 한다.

봉사활동을 하다 보면 힘들고 지칠 때가 많다. 사람들의 편견도 무섭고, 아직까지 우리나라의 동물복지에 대한 인식이 높지 않아 지친다. 시대의 흐름에 발맞추겠다며 만들어 낸 동물보호법은 허울만 그럴듯할 뿐 실질적인 동물보호의 역할을 하지 못한다.

마하트마 간디는 "한 국가의 위대함과 도덕적 진보는 동물이 받는 대우로 가늠할 수 있다."라고 했다. 우리나라는 아직 서양의 많은 나라들과 비교했을 때 동물보호의 수준이 낮다. 그러나 열정적인 많은 단체들이 인식의 개선과 올바른 제도 도입을 위해 노력하고, 버려진 아이들을 보살핀다. 이러한 노력들이 하나의 씨앗이 되어 세상에 뿌려지고 그 씨앗이 자라서 꽃을 피우게 되면 우리가 사는 이곳은 동물과 사람 모두에게 따뜻한 세상이 될 것이다. 나는 언젠가 그날이 꼭 올 것이라 믿는다.

재규어 오너 되기

내가 어렸을 때 가족여행을 가던 길이었다. 고속도로에서 우리 차 옆으로 차가 한 대 지나갔는데 어린 내 눈에도 너무 멋져 보였다. 아버지께 여쭤 보니 '재규어'라고 하는 영국 차였다. 다른 차들보다 눈에 띄게 낮은 차체에, 각이 졌지만 딱딱한 느낌 없이 이어지는 매끈한 보디, 검은빛이 도는 녹색 광택에 당장이라도 튀어 나갈 것 같은 앞부분의 역동적인 재규어 엠블럼까지… 모든 것들이 내 마음에 쏙 들었다.

"아빠, 우리 저 차 사면 안 돼?"
"야, 저게 얼마나 비싼 차인데 우리가 사냐?"
"많이 비싸?"

"많이 비싸지. 비싼 것도 비싼 건데 저 차는 연비가 나빠."

"연비가 나쁘다는 게 무슨 뜻이야?"

"기름을 많이 먹는다고. 쉽게 말해 저 차는 500원짜리를 길에 다 뿌리면서 달리는 차라는 것이지."

그때부터 내 머릿속에 재규어는 예쁘지만 비싸고 연비가 나쁜 차라는 인식이 심겼다. 그럼에도 불구하고 포기할 수 없고 너무나 갖고 싶은 차, 그게 재규어다. 지금은 디자인이 많이 바뀌었는데 나는 예전 디자인을 더 좋아한다. 각진 듯 투박한 것 같지만 마무리는 곡선으로 이루어져서 중후한 멋을 낸다. 마치 영국 신사처럼 말이다. 처음에 재규어가 영국 차라는 말을 들었을 때 바로 납득했는데, 이 차를 봤을 때 영국 신사가 생각났기 때문이다.

몇 년 전 영화배우 톰 히들스턴이 재규어 광고 모델로 활동했다. 우연히 영화관에서 그 광고를 보는데 온몸에 전율이 일었다. 톰 히들스턴과 그 옆에 있는 검은 재규어 한 마리 그리고 자동차…. 젠틀함과 야성, 그 둘을 하나로 어우르며 관통하는 섹시함, '이것이 바로 재규어다'라고 말하는 듯한 광고였다. 그리고 그 광고가 보여 주고 싶었던 이미지는 내가 재규어에 대해 갖고 있는 이미지와 상통했다.

한번은 이런 일이 있었다. 동네에서 길을 가던 중 주차되어 있는 재규어를 보게 되었는데 나중에 찾아보니 재규어 s-type이었다. 내가 처음 봤던 재규어가 약간 남성적이고 마초적인 느낌이었다면 이 차는 우아하고 럭셔리한 여성의 느낌이었다. 게다가 차 외장색은 내가 제일 좋아하는 아쿠아블루였다. 너무 예뻐서 한참을 이리 보고 저리 보고 기웃거렸다. 혹시라도 차주가 나오면 누군지 얼굴이나 봐야겠다며 넋 놓고 보고 있는데 갑자기 "빵!" 하는 소리가 들렸다. 반대편에서 차가 오고 있었다. 급하게 몸을 돌리니 간발의 차이로 차가 지나갔다. 하마터면 차에 치일 뻔한 것이다. 나중에 생각해 보니 얼마나 좋았으면 차가 오는 줄도 모르고 그렇게 보고 있었을까 싶다. 한번 뭔가에 집중하면 주변을 돌아보지 못하는 내 장점이자 단점이 극명하게 드러나는 순간이었다.

이 이야기는 내 주변 사람들이라면 다들 한 번씩은 들어 봤을 것이다. 내가 재규어를 얼마나 좋아하는지 말할 때마다 꺼내는 이야기이기 때문이다. 하도 재규어, 재규어 노래를 불러서 친구들 사이에서는 '재규어=송세실'이라는 공식이 성립되었을 정도다.

양재 코스트코 옆에는 큰 규모의 수입차 전시장이 있다. 그곳에는 아우디, BMW 등 우리가 잘 아는 외제차들이 있고, 재규어도 있다. 그곳을 지날 때마다 언젠가 저기서 꼭 재규어를 사겠다며 입버릇처럼 말한다. 한번은 친구와 그곳을 지나가는데 친구가 너 언제 저기서 재규어 사냐고, 저기 없어지기 전에는 살 수 있는 것이냐고 농담을 했다. 웃으면서 없어지기 전에는 사야 하지 않겠냐며 받아쳤지만 속은 씁쓸했다.

어렸을 때는 재규어가 얼마인지 잘 몰랐다. 커서 우연히 보게 된 자동차 잡지에서 재규어 가격을 알게 되었는데 그때 당시에도 1억 원이 넘었다. 그 가격이면 당시 경기도 외곽의 작은 집을 살 수 있었으니 차 가격치고는 엄청 비싼 것이었다. 웃으면서 재규어 한 대 사면 거기서 먹고 자고 다 해야겠다며 농담처럼 말했던 기억이 난다. 지금도 마찬가지지만 그때도 1억 원은 꽤 큰 금액이었다. 평범한 월급쟁이의 월급으로는 모으기조차 쉽지가 않다. 그래서 재규어는 내게 드림카가 되었다. 꿈의 자동차라서가 아닌, 꿈에서나 타 볼 수 있는 자동차라는 말이다.

언젠가는 저 차를 타야겠다고 생각만 하고 있던 나에게 재규어가 아득히 먼 차인 것은 당연한 일이다. 살아생전 타 볼 수나 있으면 다행이라 생각했으니 말이다. 이러한 내 인식을 완전히 뒤바꾸어 놓은 사람들이 있다. 바로 〈한책협〉의 김태광 대표와 '임마이티 컴퍼니'의 임원화 대표다. 그들은 이미 재규어의 주인이 된 것처럼 생각하고 행동하고 말하라고 한다. 그러면 잠재의식이 나의 요구를 정확하게 받아들여 내가 원하는 바를 이루게 해 준다고 말이다.

처음에는 그런 마음가짐이 재규어랑 무슨 상관이 있냐고 생각했다. 상식적으로 생각해 보라. 내가 아무리 긍정적으로 생각하고 간절히 바란다고 해도 그러한 마음이 내게 1억 원에 가까운 돈을 가져다주겠는가? 하지만 나는 밑져야 본전이라는 생각으로 재규어를 탈 수 있다고 끊임없이 생각했다. 자꾸 그렇게 될 것이라고 생각하니 내게서 변화가 일어났다. 돈을 가져다준 것은 아니다. 그러나 재규어를 탈 수 있는 여러 가지 방법들은 알려 주었다.

나는 자동차에 크게 관심이 없는 평범한 여자다. 기능이 어떻고 옵션이 어떻고 엔진이 어떻고…. 그런 이야기들은 나에게는 그저 외국어처럼 들린다. 재규어라고 해서 다를 것은 없다. 그 증거로 나는 재규어의 모델명도 알지 못했다. 그저 겉모습만 보고 재규어라고 알아챌 뿐이다. 그나마도 요새는 디자인이 많이 바뀌어서 못 알아볼 때도 있다.

남자들은 내가 재규어를 좋아한다고 말할 때마다 최소한 모델명은 알아야 하지 않느냐고 한다. 그들은 좋아한다면서 차의 특징도 모르는 나를 이해하지 못했다. 그럴 때마다 나는 단호하게 말한다. 남녀가 만나 연인으로 관계를 이어 갈 때도 서로의 모든 것을 속속들이 알 수는 없지 않느냐고, 모른다는 것이 반드시 애정이 없다는 뜻은 아니라고 말이다.

그래도 요즘은 조금씩 더 알아보려고 한다. 그전에는 마냥 먼 곳에 있는 차였다면 이제는 조금 더 가까운 차가 되었기 때문이다. 내가 머지않은 시일에 타게 될 차라고 생각하니 저절로 알아보게 된다.

꿈에서나 탈 수 있는 자동차였던 재규어는 이제 내게 현실이 되었다. 아마 운이 좋다면 해가 바뀌기 전에 재규어 오너가 될 수도 있다. 이미 모델명도 다 정해 놓았고 차체 색과 내부 인테리어까지 다 정해 놓았다. 참 신기한 일이다. 차에 대해서는 일자무식에 가까운 내가 모델명을 외우고 다니고 차량 옵션을 외우고 다니니 말이다.

'생생하게 꿈꾸면 이루어진다'라고 했다. 나의 꿈이 더 선명해지고 더 명확해질 때 그것은 더 이상 꿈이 아닌 현실이 되어 있을 것이다. 나는 오늘도 재규어를 꿈꾼다. 날렵하고 우아하며 섹시한 그 맹수의 이름을 가진 차를 모는 나의 모습을….

05

엄마에게 5,000만 원 드리기

내가 어렸을 때 엄마에게서 가장 많이 들은 말은 "돈 없어."였다. 엄마는 내가 무엇을 사 달라고 하거나 어디를 가자고 할 때면 무조건 돈이 없다고만 하셨다. 나는 우리 집이 경제적으로 어려운 줄 알았다. 그래서 학교에서 생활이 어려운 학생들을 대상으로 등록금을 지원한다고 할 때 당당하게 신청했다. 면담을 하던 담임선생님이 나에게 진짜 경제적으로 어려운 것이 어떤 것인지 알려 주고 나서야 그 해프닝은 끝이 났다.

엄마는 어릴 적 어렵게 사셨다. 전쟁 이후 다 같이 어렵게 산 시기니까 엄마의 가난이 유별난 것은 아니었지만 여린 사춘기 소녀의 마음에는 그게 아니었나 보다. 등록금을 내지 못해 시험을 보지 못하고 쫓겨나야 했던 기억, 아파도 돈이 없어서 병원에 갈 수 없었던 기억들이 철모르던 소녀에게 독기를 심어 줬다.

엄마는 몸이 약했다. 날 때부터 건강하지 못했고 가난으로 인해 관리되지 못한 몸은 더 쇠약해졌다. 그러나 가정형편으로 인해 건강은커녕 다니던 대학도 졸업하지 못하고 생계를 책임져야만 했다. 엄마는 보따리 장사부터 시작해서 의상실을 내기까지 쉬지 않고 일했다. 지금 생각해 보면 무식해서 용감한 것일 수도 있었고, 너무나도 절박한 마음이 생활전선으로 이끌었을 수도 있다. 엄마 성격에 장사는 정말 가당치도 않은 선택지였기 때문이다. 외할머니에 조카들까지, 결혼도 하지 않은 엄마에게 딸린 식솔들이 많았기에 엄마는 독해져야만 했다.

어릴 때 엄마가 거래처 사람들과 싸우는 것을 봤다. 당시에는 그렇게 싸우는 엄마가 이해되지 않았다. 사실 지금도 이해는 되지 않는다. 엄마와 나는 사람을 상대하는 방식이 전혀 다르기 때문이다. 그러나 내가 나이가 들고 보니 엄마가 그때 참 힘드셨겠다, 라는 생각이 든다. 어렸을 때는 엄마가 강해 보이고 독해 보였는데, 커서 본 엄마는 참 여린 사람이었다. 그 여린 사람이 악다구니를 쓰면서 살았으니 얼마나 힘들었겠는가?

내가 농담처럼 하는 말이 있다. "우리 엄마는 숟가락보다 무거운 건 못 들어요." 보따리 장사를 할 때 무거운 것들을 약한 몸으로 들고 다녀서 그런지 엄마의 손바닥 힘줄은 뻣뻣하게 굳어 있다. 예전에는 주먹을 쥐는 것도 힘들어하셨는데 요새는 조금 나아졌다.

엄마는 그렇게 돈을 벌었고, 모았고, 결국 집안을 일으켰다. 그렇게 모은 돈으로 집도 사고, 차도 사고, 외할머니 모시는 것까지 다 했으니 사실상 집안을 일으킨 것이나 마찬가지였다. 그렇게 피땀 흘려 번 돈이니 그 소중함이야 이루 말할 수가 없었다. 그래서 엄마는 돈이 없다는 말을 입에 달고 사셨던 것이다.

사실 내가 태어나고 나서 돈이 없던 적은 없었다고 한다. 그렇지만 엄마는 한 번도 여유 있게 살지 못했다. 가난이 지독해서 다시 돌아가고 싶지 않은 마음이 너무도 컸기 때문이다. 지금도 엄마는 수중에 비상금 1,000만 원은 있어야 마음이 놓인다고 한다. 그 돈이 줄거나 없어지면 밤에 잠이 안 올 정도로 불안하다 하셨다.

그런 엄마가 아낌없이 돈을 쓰는 경우가 있는데 바로 아빠와 나에게 쓸 때다. 특히 나의 교육과 관련된 일에는 전폭적인 지지를 보내셨다. 학창시절에 돈이 없어 배움을 접어야 했던 것이 엄마에게는 한으로 남아서 그런지, 딸인 나에게는 본인이 못했던 것까지 다 해 주고 싶었나 보다. 가끔은 그런 엄마가 부담스러워서 화도 내고 짜증도 냈다.

모든 엄마와 딸들이 다 그러는지는 모르겠지만 엄마와 나는 늘 싸웠다. 분명 나는 엄마 배 속에서 태어났는데 하나하나 다 달랐다. 맞는 점이 하나도 없었다. 아, 고집이 세다는 점은 닮았다. 특히 누군가 간섭하는 것을 세상에서 제일 싫어하는 나와 일일이 참견해야 하는 엄마는 사사건건 부딪쳤다. 지금이야 조금 나아졌지만 내가 사춘기 때는 매일이 전쟁이었다. 나는 엄마가 내 인생에 간섭하는 것이 미치도록 싫었다. 게다가 엄마와 나는 가치관마저 달랐기 때문에 나중에는 엄마까지 싫어졌다.

그러다가 내가 취직을 하게 되었다. 취직을 하게 되면 경제적으로 독립할 수 있을 것이라 생각했지만 처음부터 경제적인 여유가 생긴 것은 아니다. 나의 첫 달 월급은 46만 원이었다. 그 돈으로는 카드 값도 낼 수가 없었다. 그러나 나는 엄마의 간섭이 싫어서 힘들어도 엄마에게 도와 달라는 말을 하지 않았다.

그렇게 몇 년이 흘렀다. 내가 어느 정도로 엄마에게 손 벌리는 것을 싫어했냐면 매달 드리는 생활비가 모자라면 현금서비스를 받아서라도 드릴 정도였다. 행여나 경제적으로 도와주고 또다시 내 인생에 간섭할까 봐 아예 사전에 차단해 버린 것이다. 그래서 엄마는 몇 년 동안 내 사정이 어려운 것을 몰랐다. 어느 날 생활비를 드리기가 어렵다는 말을 하자 그때서야 내가 어렵다는 것을 아셨다.

힘든 일은 몰아서 온다고 했던가. 탄탄하다고 생각했던 직장이 흔들리기 시작했다. 그전부터 삐걱거리기는 했는데 그렇게 급작스럽게 흔들릴 줄은 몰랐다. 당장 이번 달 월급이 나오네 마네 하는 말이 들려오고 실제로 월급이 늦게 입금되는 등 한 치 앞도 내다보기 힘든 상황이었다. 나는 어쩔 수 없이 엄마에게 도움을 청해야만 했다.

그때 나는 엄마에게는 도박일 수도 있는 제안을 했다. 나의 꿈을 위해 도와 달라고 말이다. 이 방법밖에는 없다고 엄마를 설득했다. 이래도 죽고 저래도 죽을 거면 웃으면서 죽는 편이 더 낫지 않느냐고 말이다. 당연히 엄마는 불같이 화를 냈다. 나를 도우려면 엄마의 비상금 1,000만 원을 깨야 했기 때문이다. 없으면 밤에 잠도 안 온다는 그 비상금 말이다. 그런 엄마를 설득하는 데 꼬박 4개월이 걸렸다. 결국 엄마는 내 꿈에 투자하기로 하셨다. 그때 엄마가 해 주신 말씀이 아직도 기억에 남는다.

"네가 그거 해서 성공할 것이라고 크게 기대하지 않아. 다만 네가 꿈을 이루고 싶다고 하니까 너의 꿈에 투자하는 거야. 그동안 꿈도 없이 빌빌거리다가 꿈을 이루고 싶다고 말하는 모습이 더 나아 보여서 주는 거야."

그 말을 듣는 순간 나와 엄마 사이의 묵은 감정들이 사라지는 느낌이 들었다. 아무리 밉고 원망스러워도 내 엄마라는 생각이 들었다. 그리고 처음으로 엄마에게 진심으로 미안하다는 감정이 들었다. 그러면서 생각했다. 내가 성공하면 엄마에게 5,000만 원이 들어 있는 통장을 드리겠노라고. 왜 하필 5,000만 원이냐 하면, 1,000만 원은 너무 원금만 갚는 느낌이고 1억 원은 너무 큰 금액이라 딱 중간으로 잡은 것이다.

얼마 전에 엄마가 말씀하셨다. 비상금을 깨 나를 지원해 주면서 많이 힘들었다고 말이다. 혹시라도 급전이 필요한 일이 생기면 어쩌나 싶어 많이 불안하셨단다. 자신이 힘들고 불안하더라도 자식의 꿈을 위해서 불편함을 기꺼이 감수하기로 결심한 엄마의 그 마음을 돈으로 갚을 수는 없을 것이다. 갚는다 하더라도 5,000만 원은 결코 큰 금액이 아니다. 언젠가 내가 더 높이 날아오르게 되면 더 좋은 것들을 더 많이 해 드리고 싶다. 그동안의 미안함과 사랑을 모두 담아서 말이다.

Chapter 6

청소년 상담사 및 꿈 설계사 되기

———— 유하영

유하영 —————————————

부모 코치, 자기계발 작가, 동기부여가, 강연가

세 자녀를 키우면서 가정환경의 중요성과 이 시대를 이끌어 갈 꿈나무인 청소년들을 책임지고 성장시키는 부모들의 의식이 바뀌어야 한다는 사실을 깨달았다. 청소년들을 위해 상담 봉사를 하고 있으며, 꿈에 대한 강연을 펼치고 있다. 현재 사춘기 청소년과 부모를 위한 자기계발서를 집필 중이다.

가야금으로 찬송가 연주하기

　　　　　　　　나는 어렸을 때부터 유난히 음악을 좋아했다. 한 번 들은 노래는 가사를 줄줄 외워서 늘 흥얼대곤 했다. 또한 클래식의 바다에 푸욱 빠져서 하루 종일 그 느낌 속에서 헤엄을 치고는 했다.

　그런 나를 닮은 것인지, 큰딸은 절대음감으로 한 번 들은 음악은 피아노나 여러 악기로 곧잘 연주한다. 큰딸은 일곱 살부터 피아노를 배웠는데, 손가락이 짧은 관계로 중간에 전공을 성악으로 바꿨다. 둘째 아이는 일곱 살부터 발레를 시켰는데, 초등학교 3학년까지 대회란 대회는 다 나가 상을 쓸어 오다시피 했다. 그러다 중간에 사춘기를 맞으면서 어이없는 이유로 가야금으로 전공을 바꿨다. 등에 여드름이 났다는 황당한 이유에서였다. 결국 다시 발레로 전공을 전환해서 대학에 들어갔다.

　그때는 참 어이없었지만, 그래도 예민한 딸아이를 존중해 의견을 들어 줬던 것이 계기가 되어 나도 가야금을 배우기 시작했다. 처음 배울 때는 손가락에 물집이 잡혀 무척 아팠다. 특히 연튕김(손톱을 이용해 줄을 연달아 튕기는 주법)을 배울 때는 더 힘들었다. 하지만 그 덕분에 가야금에서 손을 뗀 지가 한참 된 지금도 연튕김은 잘한다.

　나는 교회에서 합창단 활동을 했다. 어느 초여름, 찬양선교를 가게 되었다. 큰아이가 그때 미국 보스턴으로 유학을 가 있던 터라 내가 선교지로 가려고 했던 샌프란시스코에서 만나 합류하기로 했다. 12시간 동안 비행기를 타고 날아가 샌프란시스코에 도착했다.

　공항에 내려서 짐을 받아 나오려는데, 무슨 문제라도 생겼는지 공항경찰이 큰 개를 데리고 우리 일행의 짐 앞에서 배회하는 것이었다. 그러더니 한 권사님의 물건에 개가 코를 박고 킁킁대기 시작했다. 결국 공항경찰대가 그 짐을 풀어 조사했다. 공항 경찰견이 계속 킁킁거렸던 이유는 미숫가루 때문이었다. 미숫가루가 마약인 줄 알고 조사를 진행하느라 우리는 공항에서 2시간이나 기다려야 했다. 조사가 끝나고 나와 보니 어둑어둑해진 샌프란시스코의 저녁 하늘이 우리를 맞이했다. 나는 교회로 향하는 내내 버스 밖 풍경에 푹 빠졌다.

교회에 도착한 뒤 분주하게 찬양 준비를 했다. 악기를 세팅하고 몇 번의 리허설을 마친 뒤 드디어 찬양 대열로 섰다. 첫 곡은 공항에서 합류한 큰딸과 다른 성악가의 듀엣 곡이었다. 우리 찬양팀은 두 번째 곡부터 연달아 서너 곡을 불렀다. 그리고 플루트 연주자의 연주곡이 뒤를 이었다.

찬양 공연을 모두 마친 뒤 우리는 교회 성도들의 집에서 홈스테이를 하기로 했다. 나는 딸과 함께 한 가정집으로 안내되었다. 우리는 그곳에서 짧은 영어로 그 가족들과 이런저런 이야기를 주고받았다. 화기애애한 분위기 속에서 담소를 마치고 다음 날 일정을 위해 각자 방으로 들어갔다.

딸과 나는 잠들기 전 오랜만에 모녀간의 대화를 나눴다. 큰딸은 미국에서의 학교생활과 홈스테이로 묵고 있는 집에서의 일화 등을 이야기해 주었다. 아이는 건강하게 잘 지내고 있는 듯했다. 영어도 의사소통을 할 수 있을 만큼 늘었고, 집보다는 못하겠지만 그래도 나름 잘 지내는 것 같아서 마음이 놓였다.

다음 날 아침, 일찍 일어난 우리는 홈스테이 가족이 준비해 준 아침 식사를 했다. 그들은 우리를 교회까지 데려다주며 아쉬운 작별인사를 건넸다. 얼떨결에 지나간 하루를 뒤로하고, 우리는 다음 교회로 향했다. 그곳에서도 처음과 마찬가지로 공연 뒤 홈스테이를 했고, 이후 다른 교회에서도 같은 식으로 진행되었다.

이윽고 우리는 샌프란시스코와 가까운 캘리포니아로 행선지를 옮겼다. 그곳에서는 찬양을 부른 교회에서 숙박을 했다. 딸과 둘이 홈스테이를 하는 것도 좋았지만, 교회 식구들과 함께 자는 것도 나쁘지 않았다. 나란히 누워 잠들기 전 이런저런 이야기꽃을 피우다가 한 명씩 코를 골며 곯아떨어졌다.

아침에 교회 식당에서 밥을 먹고 있는데, 성도 한 분이 다가와 근처 오렌지 농장에서 마음껏 오렌지를 따 가도 된다고 했다. 영화에서나 볼 법한 캘리포니아 오렌지 농장이라니! 너무 신나고 행복했다. 우리는 오렌지를 따서 바로 먹기도 하고 사진도 찍으며 즐거운 시간을 보냈다. 하지만 열심히 딴 오렌지를 전부 짐 보따리에 넣을 수 없다는 것을 뒤늦게야 깨닫게 되었다. 모두 깔깔대며 웃었다. 비록 다 가져가지는 못하지만 우리가 언제 이런 경험을 함께 해 볼 수 있겠나 싶어 더 즐겁고 행복한 시간이었다.

아쉬운 마음을 뒤로하고 교회를 떠나려 할 때, 오렌지 농장 주인인 성도가 호두를 한 자루 건넸다. 우리는 나무 그늘에 앉아 캘리포니아의 맑은 공기를 마시며 호두를 까먹었다. 정말 맛있었다. 권사님들은 가족들의 밥을 해 주는 데서 해방되어 너무 좋다고 했다. 나도 한국에 두고 온 아이들이 걱정되었지만 이 행복을 내몰고 싶지 않았다. 게다가 몇 달 떨어져 지내면서 걱정으로 밤을 지새웠던 큰딸과의 즐거운 추억도 생겼으니 일석이조 아니겠는가.

우리의 다음 목적지는 네바다 주를 지나 버스로 12시간을 이동해야 했다. 버스 안에는 화장실이 있었다. 큰아이가 "엄마, 버스에 있는 화장실은 볼일을 보면 도로에 다 떨어져?"라고 물었다. 나도 순간 그런가 하고 착각했다. 바로 "그럼 비행기는 공중에서 밑으로 떨어지겠네."라고 말하며 웃었다. 권사님들은 모녀가 자매같이 사이가 좋다며 부러워했다. 원래 나는 큰아이와 친구처럼 이야기도 잘하고 음악 등 좋아하는 것이 비슷해서 잘 통한다.

버스로 이동하던 중, 네바다 사막 가운데서 각자 따 온 오렌지, 교회에서 준비해 온 음식으로 점심을 먹었다. 마치 영화의 한 장면 같았다. 끝도 없는 사막의 길을 가는 장면 등, 사막을 배경으로 한 영화들이 내 눈앞에 펼쳐졌다.

그렇게 12시간을 달려 도착한 교회에서도 우리는 같은 패턴으로 찬양을 했다. 찬양을 하던 중 나는 우리가 부른 찬양이 메아리처럼 귓가에서 다시 들려오는 신기한 체험을 했다. 얼마나 아름답게 들렸는지 아직도 귓가에 생생하다.

모두 열두 교회에서의 찬양 선교를 마치고 큰딸과 나는 샌프란시스코 국제공항에서 헤어졌다. 아이는 국내선을 타고 보스턴으로 떠났고, 나는 국제선 터미널에서 한국행 비행기를 타고 돌아왔다. 그때의 추억은 지금도 내게 큰 여운으로 남아 있다.

우리 집에는 둘째가 연습한다고 사 놓은 가야금이 있다. 나도 요새는 바쁘고 둘째 아이도 전공을 바꾸는 바람에 가야금은 방 한구석에 방치되어 있다. 25현을 가진 가야금이 자기하고 놀아 달라고 아우성치는 것 같다. 나는 다시 가야금을 배워 찬양을 연주하고 싶다.

나는 현악의 선율을 유난히 좋아한다. 가야금을 연주하며 찬양을 부르면 얼마나 좋을까? 요즘은 퓨전음악이라고 해서 해금과 가야금으로 연주하는 가요도 많다. 이선희의 '인연'이나 장윤정의 '초혼'의 전주에 깔린 선율들이 그것이다. 이처럼 찬송가도 가야금으로 멋지게 연주할 수 있을 것이라고 생각한다. 그날을 위해 연튕김질을 게을리하지 않겠다.

고향에 청소년 상담 드림 갤러리 개설하기

나는 결혼하고 25년 넘게 시댁이 있는 전주에서 살았다. 전주는 맛과 예향의 도시로 알려져 있다. 전주 외곽에는 산 좋고 물 좋은 곳이 많다. 송광사 쪽으로 들어가다 보면 봄에는 벚꽃이 양쪽으로 쭉 이어진 아름다운 가로수 길이 나온다. 그 길을 지나가다 보면 오스갤러리라는 이름의 카페 겸 아트 갤러리가 있다.

시내에서 많이 떨어져 있음에도 불구하고 사람들의 발길이 잦다. 맑은 공기와 주변 산세가 매우 아름답게 자리 잡고 있어서인 듯하다. 무엇보다 오스갤러리 앞쪽의 호수는 햇볕을 받으면 마치 은반처럼 반짝거리며 그 자태를 뽐낸다. 나는 그곳에 가면 외국에 있는 것 같은 기분이 들어 자주 들르곤 했다.

나도 그런 갤러리를 짓고 싶다. 카페 형식의 청소년 상담 드림 갤러리다. 고향의 경치 좋고 물 좋은 장소를 찾아 3년 안에 짓는 것이 꿈이다. 그러기 위해서 먼저 내 책을 내고 스테디셀러 작가가 되어 인지도를 높일 것이다. 그래서 강연 요청이 들어오면 이 드림 갤러리에서 독자들을 만나고 싶다.

드림 갤러리 외관은 전면 유리로, 어디서나 바깥 풍경을 감상할 수 있도록 만들 것이다. 앞마당 한쪽에는 인공폭포를 만들고 그 앞에는 예쁜 꽃으로 정원을 꾸밀 것이다. 갤러리 내부는 북카페 형식으로 꾸며 향긋한 커피와 맛있는 케이크를 먹으며 책을 읽을 수 있다. 안쪽에는 나만의 공간을 만들어 언제든 책을 쓸 수 있도록 할 것이다. 세미나실도 만들어 학부모들과 꿈에 대한 이야기를 나눌 수 있도록 하겠다.

드림 갤러리는 편안한 휴식처에서 꿈을 설계한다는 나의 이념을 형상화한 것이다. 카페 같은 시설에서 아무런 방해도 받지 않고 책을 읽으며, 인생의 방향을 분별하는 공간이 되었으면 하는 바람이 내포되어 있다. 나는 이곳을 청소년과 그 부모에게 자기계발과 꿈의 가치를 일깨워 주고 목표를 달성하는 과정을 응원하는 편안한 공간으로 만들 것이다.

많은 사람들이 자신이 꿈을 꾼 적이 있는지조차 되돌아볼 겨를도 없이 바쁜 일상을 살아간다. 그러다 보면 어느새 머리에는 새하얗게 눈이 내려앉아 있다. 마음은 언제나 청춘인데, 몸이 말을 듣지 않는 때가 온다. 그때서야 '내게도 꿈이 있었지…'라며 지난 삶을 되돌아본다. 그러니 바로 지금 스스로를 리딩할 줄 알아야 한다. 자신이 무엇을 원하는지, 어디로 가야 할지 분별하는 삶만이 일상을 윤택하게 한다.

"높은 산을 올라갈 때는 목표를 향해 올라가되 꼭 산꼭대기에서의 느낌을 맛봐야 한단다. 올라가는 과정은 힘들지만 그 과정을 거치면 반드시 정상에 올라 있을 거야."

아이들이 힘들어할 때마다 내가 해 주던 말이다. 꿈의 과정을 끝까지 완주하는 자만이 꿈을 쟁취할 수 있다는 뜻이다. 하지만 내가 살아오면서 겪은 경험에 의하면, 삶에 지쳐 꿈은 저만치 내동댕이쳐지는 경우가 허다하다.

죽을 때까지 자신이 하고 싶었던 일을 결국 해 보지 못하는 사람이 많다고 한다. 나는 그 말을 듣고 '내 아이들은 절대 그런 삶을 살게 하지 않겠다'라고 다짐했다. 그리고 무엇보다 환경의 중요성에 대해 다시 한 번 생각하게 되었다.

나는 세 아이를 키우면서 나를 완전히 내동댕이치고 오로지 아이들을 돌보는 데만 모든 것을 바쳤다. 큰아이가 초등학교 4학년 때부터는 직접 아이를 데리고 일주일에 두세 번씩 서울로 레슨을 다녔다. 내 헌신으로 큰아이는 서울 선화예중에 좋은 점수로 합격했다. 그 일을 계기로 나는 아이들을 데리고 서울로 이사했다. 이렇게 나는 아이들에게 좋은 환경을 만들어 주기 위해 전전긍긍하며 끊임없이 노력했다. 지금 생각해 보면 너무 지극정성으로 아이들을 키웠나 싶기도 하지만 그런 경험이 지금의 나를 만들었다는 생각도 든다.

나는 나 자신부터 꿈 키우기에 성공해야 내 아이들과 내가 상담했던 아이들에게 꿈과 희망을 줄 수 있다는 생각으로 꿈을 키워 왔다. 그 열매들을 세상에 돌려줘야 한다는 사명감을 늘 갖고 있다.

나는 아이들을 키우며 교육학을 전공했다. 그러면서 다시 한 번 가정환경의 중요성을 깊이 인지하게 되었다. 청소년들을 상담하면서 느낀 점은, 그들이 엇나가는 이유는 영락없이 가정환경 때문이라는 것이다. 아이들은 너무나 순진했다. 나는 많은 아이들을 만나 대화를 나누면서 깨달았다. 그들은 문제아가 아니었다. 아이들이 그렇게 된 이유는 부모와의 소통의 부재 때문이었다. 그렇다고 부모가 나쁜 마음을 먹고 나 몰라라 하며 아이들을 내버려 둔 것도 아니다. 그저 몰라서 그랬을 것이다. 부모로서의 자질을 갖추기 위해 끊임없이 노력해야 한다는 것조차 몰랐을 것이다. 나는 그 점이 늘 안타까웠다.

전주 봉동교회의 안명옥 목사님은 내 은인이시다. 목사님은 10년을 한결같이 내게 영적인 내공을 전수해 주셨다. 그 덕분에 나는 다른 상담사들에게는 없는 영안으로 아이들을 탐색하고 리딩하는 법을 터득했다. 이 기술은 하루아침에 터득한 것이 아니다. 내 삶 속에서의 깨달음으로, 때로는 뼈를 깎는 고통을 느끼며 차곡차곡 내 안에 쌓아 온 것이다.

나는 청소년들에게 일관성 있는 태도로 길라잡이 역할을 해 주고 싶다. 또한 그 부모들에게는 어떤 마음으로 아이들을 대해야 하는지 알려 주는 역학을 하고 싶다. 이것을 나의 사명으로 생각한다.

"믿음으로 구한 것은 반드시 받은 줄로 믿어라."

〈한책협〉의 대표 김태광 코치의 말이다. 이 말은 내게 변함없는 진리로 자리매김되어 있다. 내 인생은 김태광 코치를 만나면서 달라졌다. 그에게서 받은 한 권의 책을 통해 나는 꿈의 싹을 틔우기 시작했다. 그리고 〈한책협〉에서 그 꿈을 키워 나가고 있다. 내 꿈을 실현시키는 데 많은 영향력을 주는 사람들과 함께하면서 나 또한 누군가에게 그런 힘이 되어 줄 수 있다는 것에 뿌듯함을 느낀다.

나는 김태광 코치를 만난 뒤 책을 쓰기로 마음먹었다. 그에 대한 보답으로 천국으로 가는 날까지 이 땅의 모든 꿈꾸는 이들을 위한 꿈 길라잡이로서 살아갈 것이다.

03

스테디셀러 작가 되기

내가 일곱 살 무렵에 우리 가족이 살던 강원도 화천은 저녁이 되면 칠흑 같은 어둠이라는 말이 딱 들어맞는 깜깜한 고장이었다. 어느 날 밤, 술 한잔을 걸치고 늦은 귀가를 하신 아버지가 나를 깨웠다. 아버지는 조그만 주전자를 내 손에 쥐어 주시며 샘물을 받아 오라고 하셨다. 나는 어둠보다 아버지가 더 무서워 아무 말도 못하고 3km 거리의 오솔길을 지나 산 밑 샘물터까지 걸어갔다. 가는 내내 귀신이나 도깨비가 따라오는 것 같아 너무 무서웠던 기억이 아직도 생생하다.

그 기억 때문인지 어둠을 싫어하는 내가 신혼살림을 차린 곳은 진안 시골 마을이었다. 화천과 마찬가지로 해가 떨어지면 칠흑 같은 어둠이 나를 삼킬 것 같은 곳이었다. 그곳에서 아이들을 낳아 기르면서 나는 한시도 눈을 떼지 않고 아이들을 지켜봤다. 아이들을 보는 것 말고는 그 시골 마을에서 달리 내가 할 수 있는 일도 마땅치 않았다. 나는 아이들이 무엇을 좋아하고 어떻게 노는지 표정 등을 자세히 보고 기억했다. 큰아이와 둘째 아이는 성격이 많이 달랐다. 나는 두 아이의 성격에 어떤 환경적인 면이 작용하는지 생각해 보게 되었다. 막내는 아들이라 기질이나 특성이 누나들과는 다른 것 같았다.

내 나름대로의 기준을 세우고 아이들의 모든 것을 집중해서 지켜봤다. 부정적인 말은 가급적 하지 않고 아이들이 어떤 것이든 자유롭게 표출하도록 키웠다. 그러다 보니 자연스럽게 아이들이 무엇을 좋아하고 잘하는지 알게 되었다.

그렇게 세 자녀를 키운 노하우와 교육학을 전공하면서 쌓은 지식을 통해 환경이 아이들에게 미치는 영향에 대해 관심을 갖게 되었다. 이는 청소년 상담을 하게 되는 계기로 발전했다. 나는 청소년 상담 중에서도 초·중학생 상담이 가장 중요하다고 생각한다. 이 시기는 아이들의 성격이 잘 드러나며, 부모의 관심이 절실히 필요한 때다. 이 시기를 놓치면 남들보다 곱절로 정성을 들여야 아이들이 바르게 성장한다는 것을 부모이자 청소년 상담가로서 가슴 깊이 느끼고 있다.

나는 원래 책을 읽기 시작하면 날이 새는 줄 몰랐고, 음악을 들으면 작곡가의 심상까지 읽어 낼 정도로 깊게 몰입하는 스타일이었다. 중학교 1학년 때부터 하이네의 명시를 읽을 정도로 시와 책 읽는 것을 좋아했다.

그런 내가 결혼을 하면서 변했다. 나를 버리고 온전히 아이들만을 위해 살았다. 내게 남은 것은 세 아이들뿐이었다. 25년이라는 긴 세월 동안 자기계발은커녕 아이들 키우는 일에만 모든 노력을 쏟았고, 나라는 존재는 지워 버렸다. 열악한 상황에서 글을 쓰기란 너무 힘들었다. 그나마 교육학을 전공한 것이 지금의 나를 만들었다.

막내가 세 살 무렵, 우리 가족은 진안을 떠나 '봉동'이라는 작은 동네로 이사를 했다. 겁이 많았던 나는 이 집에서 항상 가위에 눌렸다. 무서움을 이기기 위해 다라니경을 외우기도 했지만 소용이 없었다. 밤에는 잠을 못 자고, 낮에는 아이들을 돌보느라 지쳐 심한 하혈도 했다. 나는 자꾸만 말라 갔다.

그때 우리 집 오른편에 감사교회라는 작은 교회가 있었다. 내 사연을 듣고 안타까워하던 한 전도사의 권유로 나는 하나님을 믿게 되었다. 신기하게도 성경을 읽으면 무서운 것이 없어지고 가위도 눌리지 않았다.

그때부터 늘 손에서 성경을 놓지 않았다. 저녁마다 전도사님에게 상담과 함께 영성 훈련을 받았다. 지금은 목사님이 되신 전도사님은 내게 어머니 같은 분이다. 영적인 분별력을 깨워 주셨고, 어둠과 빛을 알게 해 주셨다.

나는 어느 날 목사님께 "한 인간으로서의 세속적인 삶을 다 버리고 하나님을 믿는 자로 사시는 것이 외롭고 힘들지 않나요?"라고 물었다. 목사님은 하나도 힘들지 않고 늘 하나님께 감사할 뿐이라고 대답하셨다. 나는 목사님을 보며 '나도 상담 사역을 해야지'라는 사명감을 갖게 되었다. 나는 교육학을 전공하면서 지켜본 많은 청소년들의 상황에 안타까움을 느꼈다. 청소년들을 돕고 싶다는 생각으로 내 삶의 방향을 청소년 상담으로 결정했다.

학교교육은 성적 위주로 흘러가고 그 틀에서 벗어나지 않는다. 감정적인 부분을 어루만져 줄 무엇인가가 필요하다. 특히 열악한 가정환경에 놓여 있는 아이들의 경우 그러한 점이 많이 부족하다.

나는 교육학을 전공하면서 청소년 문화에 대해 다시 생각해 보게 되었다. 아이들도 자신들의 진짜 모습을 모르고 있을 것이다. 그것을 어른들이 읽어 줘야 하고, 그 시기는 초등학생 때가 가장 적절할 것이라고 판단했다.

아이들이 자아를 표출할 때 대부분의 부모들은 자신의 기준에 따라 접근한다. 부모의 양육 태도는 아이들의 자아정체성 형성에 아주 크게 작용한다. 어떤 것이든 아이들이 자유롭게 표현하도록 지켜봐 주는 것이 중요하다. 나는 부모들에게 그 방법을 알려 주고 싶다.

아이를 잘 키우기 위해 많은 노력을 하는 부모도 결국 자신의 패턴을 따라가게 된다. 부모 자신도 모르게 저지르는 실수가 다반사라는 것을 꼭 알아야 한다. 나는 그런 부모들에게 조금이나마 도움이 되고자 책을 펴내려고 한다. 그 책이 나를 스테디셀러 작가로 만들어 주었으면 좋겠다.

병을 자갈로 다 채운 것 같아도 모래를 더 채울 수 있다. 나는 자기계발이라고는 할 수 없는 환경에서 살아왔지만 지혜롭게 대처하는 법을 터득했다. 이제는 그 방법을 다른 누군가에게 알려 주며 살고 싶다. 꿈을 결정하는 데는 무엇보다 스스로의 결단이 필요하다는 것을 말해 주고 싶다.

꿈을 가졌다면, 그 꿈이 현실로 나타나도록 건축해야 한다. 튼튼한 구조물로 밑받침을 세워야 한다. 성경에 "좌로나 우로나 치우치지 말라."라는 말이 있다. 꿈을 향한 마음을 끝까지 밀고 나가야 한다는 말이다. 꿈을 자라게 하는 빛과 영양분을 공급하는 일을 멈추지 말고 끊임없이 꿈을 가꾸어야 한다.

꿈을 이루라는 말은 아무리 강조해도 지나치지 않다. 꿈은 각박한 삶에서 나를 건져 줄 수 있는 유일한 통로다. 자신이 좋아하는 일을 함으로써 얻는 행복감은 또 다른 누군가에게 에너지를 전달해 엄청난 시너지 효과를 일으킨다.

나는 앞으로 청소년들을 위한 상담 관련 책을 쓸 것이다. 많은 독자들을 대상으로 좋은 가정에 대해 강연하는 영향력 있는 강연가이자 스테디셀러 작가로서 자리매김할 것이다.

미니 정원이 있는
집 짓고 살기

"엄마! 내가 이다음에 돈 많이 벌어서 엄마 집 지어 줄게!"

어느 날 둘째 딸이 친구와 함께 〈건축학개론〉이라는 영화를 보고 와서는 한 말이다. 나는 내 취향에 맞는 집을 지어 사는 것이 꿈이자 소망이다. 그래서 가끔 아이들에게 그런 이야기를 하곤 했었다.

우리 집은 아이가 셋이라 손도 많이 가고 옷가지며 자질구레한 짐이 많아 불편한 점이 한두 가지가 아니었다. 아이들을 다 키워 놓고 나니 내가 원하는 스타일로 집을 지어 보고 싶었다. 그때부터 나는 여행을 갈 때마다 예쁜 집이 있으면 눈여겨보기 시작했다. 그리고 머릿속으로 설계도를 그렸다.

어려서부터 유난히 손재주가 좋았던 나는 웨딩디자이너를 꿈꿨었다. 하지만 큰아이를 임신하면서 시댁 식구들의 만류로 꿈을 접고 말았다.

나는 사람들이 우리 아이들을 보고 누구 집 애들인지 궁금해할 정도로 아이들의 옷을 잘 챙겨 입혔다. 교회에서 5년 동안 꽃꽂이 봉사를 하면서 손재주가 있다는 칭찬도 많이 들었다. 그래서인지 지금도 디자인에 대한 꿈을 피워 보지 못한 아쉬움이 남아 있다.

교회의 한 권사님이 내게 자녀의 약혼식 꽃꽂이를 부탁하신 적이 있다. 당시는 겨울이라 눈이 엄청 많이 왔음에도 불구하고 나는 서울 양재동까지 꽃을 사러 갔다 왔다. 맡은 일이니 성심껏 해 주고 싶었다. 약혼식 당일, 전주의 유명한 한정식당에 아침 일찍 도착해 꽃을 장식해 두고 집으로 돌아왔다. 약혼식을 마친 권사님께서 전화를 걸어와 꽃꽂이가 너무 고급스럽고 예뻤다며 고마워하셨다.

언젠가 교회의 크리스마스트리를 장식한 적도 있다. 며칠 동안 고생해 트리를 완성한 뒤 나는 입시 준비로 서울에 있던 큰딸을 보러 갔다. 그때 휴대전화로 동영상이 하나 도착했다. 내가 장식해 놓은 크리스마스트리 점등식을 목사님과 여러 장로님, 집사님들이 함께 하고 있는 모습이었다. 교회분들은 내가 그 자리에 없는 것을 많이 아쉬워하셨다. 트리를 장식할 때는 너무 힘들었는데 모두들 마음에 들어 하니 너무 기뻤다. 트리가 워낙 대형이라 몇 날 며칠 동안 잠을 설치며 설계부터 재료 준비까지 혼자 전전긍긍하며 눈물로 기도하면서 준비한 보람이 있었다.

나는 이렇게 장식하고 꾸미는 것을 좋아한다. 교회 로비에도 나무나 꽃을 사다가 실내 꽃밭을 만들어 정성껏 관리했다. 많은 교인들이 좋아해 주었다. 《비밀의 화원》의 저자인 타샤 튜더가 30만 평의 대지를 18세기 영국식으로 꾸민 '타샤의 정원'은 미국에서 가장 아름다운 정원으로 손꼽힌다. 나는 타샤의 정원을 축소한 듯한 미니 정원을 내 손으로 직접 가꾸어 보는 것이 꿈이다.

먼저 경치 좋은 곳을 물색해 그곳에 이층집을 지을 것이다. 1층에는 서재 겸 거실을 만들 것이다. 이곳은 오픈식 공간으로, 독서와 책 쓰기가 가능한 자유로운 공간으로 만들고 싶다. 창문은 널따란 기역자 창으로 밖을 내다볼 수 있게 할 것이다. 부엌은 바로크 형식의 수납공간을 마련해 자질구레한 물건들을 깔끔하게 정리 정돈할 수 있도록 설계할 것이다.

2층은 내가 가장 좋아하는 공간이자 꿈의 공간이다. 먼저 침실을 둘 것이다. 2층에 침실을 두려는 이유는, 부엌에서 음식을 만들 때 음식 냄새가 방에 스며들어 옷과 침구에 냄새가 배는 것을 막기 위해서다.

안방은 되도록 크게 설계하고 드레스 룸과 욕실을 연결할 생각이다. 복도 건너편에는 결혼한 아이들이 놀러 오면 편히 쉴 수 있도록 침실과 욕실을 함께 설계할 것이다. 편안하고 안락한 공간으로 만들고 싶다. 안방에서 밖을 내다볼 수 있는 쪽 벽은 전체 폴딩 도어로 열었다 닫았다 할 수 있게 할 것이다. 이곳으로 나가면 바로 테라스의 미니 정원으로 통한다. 미니 정원의 꽃밭에는 금잔디를 베이스로 심고, 중간 중간 잔잔한 꽃들로 채운 뒤 큰 꽃들을 포인트로 심을 것이다. 특히 치자나무는 꼭 심을 것이다. 치자향기가 바람을 타고 코끝으로 찾아와 인사하는 아침을 맞고 싶다. 미니 정원의 천장은 유리로, 햇볕이 그대로 내리쬐도록 설계할 것이다. 나는 따뜻한 햇볕을 유난히 좋아한다. 꽃이나 다른 식물들에게도 햇볕은 반드시 필요하다.

마당에는 텃밭을 일구어 상추, 고추, 파 등을 심을 것이다. 친정엄마에게 메주 띄우는 법을 배워 된장을 만들어 항아리에 담아 놓으면 보는 것만으로도 뿌듯할 것이다. 이 된장과 텃밭의 채소들로 보글보글 된장찌개를 끓여 먹으면 정말 행복할 것 같다.

삶은 순환의 연속이다. 먹고 쉬는 것이 에너지 충전의 지름길이라는 것을 살아오는 내내 느꼈다. 그래서 내 아이들에게 세상 속에서 지치고 힘들 때마다 생각만 해도 웃음이 나고 힘이 생기는 환경을 만들어 주고 싶다. 내 아이들에게 했던 것처럼 손자, 손

녀들에게도 웃는 얼굴로 반겨 주는 할머니가 되고 싶다.

나는 장 자크 루소의 '자연으로의 회귀'에 전적으로 공감한다. 인간은 자연에서 와서 자연으로 돌아가는 것이 이치다. 점점 높아지는 인구밀도와 급격한 과학의 발달로 인간은 자연을 훼손하기만 하고 있다. 자연에서 얻은 것들을 되돌려 주는 것이 아니라 파괴하고 있는 심각한 실정에 안타까울 따름이다.

심각한 환경오염과 편안함만을 추구하는 데서 오는 생활쓰레기들로 인해 언젠가 이 지구는 쓰레기로만 가득 찰 것 같다는 생각이 든다. 하지만 너무도 오랫동안 우리 삶을 잠식해 온 생활 패턴으로 인해 쉽게 바꿀 수 없는 악순환이 되어 버렸다.

나는 아주 작은 힘이지만 우리 자손들에게 깨끗한 자연을 물려주고 싶다는 소망을 갖고 환경적인 부분을 고려해 집을 짓고 싶다. 우리 조상들이 살아온 방식대로 텃밭에 가족들이 먹을 채소를 심어 그것으로 요리를 해서 먹고, 음식쓰레기는 밭에 거름으로 줄 것이다. 가구 또한 몇 년 쓰다 버리는 것이 아닌, 대를 이어 물려줄 수 있는 튼튼한 가구를 선택할 것이다.

이 모든 것은 우리 가족의 건강을 고려한 것이다. 가족이 건강해야 이 사회가 튼튼해지고 나아가서는 국가적으로 희망이 될 테니 말이다.

청소년 상담사 및
꿈 설계사 되기

어느 날 문득 결혼생활을 하는 동안 나를 위해 한 것이 없다는 생각이 들었다. 그래서 교육학과에 입학해 과정을 마쳤다. 그러면서 고령화 시대인 요즘, 어떻게 사는 것이 지혜로운 삶인지 많은 생각을 했다. 내가 사회에 나눌 수 있는 것이 있을까 하는 깊은 고민과 함께 삶을 윤택하게 가꾸고 싶다는 생각이 간절했다. 나는 청소년 상담가로서 아이들의 꿈을 일깨워 주는 역할을 하고 싶다는 꿈을 꾸게 되었다.

안타깝게도 우리 주위에서 꿈을 이루고 사는 사람들을 많이 볼 수 없다. 왜 그럴까? 우리나라의 교육제도는 오롯이 대학 입시에만 집중되어 있다. 자신이 하고 싶은 것보다는 사회적으로 인정받는 대학과 안정된 직장만이 우선이자 목표다. 그 목표를 위해 많은 노력과 시간을 투자한다. 높은 경쟁률을 뚫고 직장에 들어가지만 얻는 것은 내 시간과 맞바꾼 월급뿐이다. 물론 직장생활에 만족하는 사람도 있을 것이다. 하지만 정말로 본인이 원해서 직장을 다니고 있는 것일까? 그러한 것조차 인식하지 못하고 있는 것이 사실이다. 자신이 진정으로 원하는 삶에 대해 한 번쯤 생각해 봤을지도 의문이다.

나는 끝도 없는 터널 속에서 헤어 나오지 못하는 압박감을 느끼며 내가 원하지 않은 삶을 살아왔다. 여자로서, 아이들을 키우는 엄마로서의 삶은 누구도 강요하지 않았지만 의무감을 느끼지 않을 수 없었다. 그렇게 아이들을 키워 놓고, 이제는 나의 꿈을 찾기 위해 길을 나섰다. 하지만 그 길에는 아무것도 없었다. 이미 시간과 함께 어디론가 사라져 버렸다.

하지만 다시 생각해 보니 살면서 경험한 모든 것들이 내 안에 내재되어 있다는 것을 깨달았다. 삶에서 터득한 지혜를 다시 세상에 되돌려 주고 싶다는 생각이 들었다. 현실적으로 내가 할 수 있는 선에서 최선을 다해 내게 주어진 것들을 나누고 싶다. 청소년 상담을 통해 아이들에게 꿈과 희망을 주는 일은 그중 하나의 길이라고 할 수 있다.

우리는 가정환경의 중요성에 대해 잘 알고 있다. 그러나 얼마나 중요한지 다시 생각해 볼 필요가 있다. 나는 아이들과 상담을 하면서 그 심각성을 묵과하는 부모들이 많다는 것을 알게 되었다. 많은 부모들이 청소년 문화에 대해 모르는 것이 많고, 그것을 알려는 노력조차 하지 않는다. 또한 비행청소년들을 보면서 막연히 자신의 아이는 그러지 않을 것이라고 생각한다. 아이들은 아직 살아가는 지혜를 터득하지 못한 햇병아리라는 사실을 인지했으면 한다.

부모는 아이들이 잘 살아갈 수 있도록 삶의 지혜와 방향을 알려 줘야 한다. 가정에서 먼저 교육이 잘 이루어져야 학교와 사회에서 원만하게 생활할 수 있기 때문이다.

내가 상담한 아이들은 대부분 심각한 정서불안과 친구들과의 다툼 등으로 상담실을 찾았다. 그중 심각한 폭력행동을 자제하지 못하고 학교에서 분노를 터뜨리는 아이가 있었다. 아이의 분노가 가정에서부터 시작되었다고 단정 지어 말할 수는 없다. 하지만 아이와 상담을 하면서 분명 가정환경과 부모의 태도에 문제가 있다고 느꼈다.

나도 아이들을 키우는 입장에서 상담을 하며 늘 자신을 되돌아본다. 이렇게 부모는 가끔 자신을 점검해 봐야 한다. 의사에게 진찰을 받을 경우 병명을 정확히 알아야 제대로 된 치료법과 치료제를 받을 수 있다. 이처럼 부모도 가정의 문제를 창피하게 생각하지 말고 솔직한 마음으로 상담을 받고 고쳐 나간다면 아이의 미래를 좋은 쪽으로 바꿀 수 있을 것이다.

생각해 보면 나는 아이들을 너무 오냐오냐 키웠다. 기본적으로 애정과 관심을 주면서 큰아이의 경우는 어느 정도 훈육을 하기도 했다. 둘째 아이는 큰아이와 막내 사이에 끼어 깊은 관심을 주지 못하고 사춘기 때 혼란을 겪게 했지만 함께 문제점을 찾아보고 좋은 방향으로 해결할 수 있었다. 그런데 막내의 경우 너무 오냐오냐 키운 탓에 어디서나 자신감 있게 행동하고 적응을 잘했지만 규범적인 면에서는 힘들어하는 모습이 역력했다. 무엇이든 끝까지 하는 법이 없었다. 중학교에 다닐 때는 담임선생님을 엄마처럼 편하게 대해 선생님이 오해를 한 적도 있었다.

꿈이 무엇이냐고 물어보면 단번에 답을 할 아이들이 몇이나 될까? 요즘 아이들은 꿈보다 공부에만 빠져 있다. 자신이 무엇을 좋아하는지 생각해 볼 겨를도 없이 살아가는 아이들이 대다수다. 아이들은 교육과정 속에서 앞다퉈 경쟁하며 대학 입시에 필요한 스펙 쌓기에만 올인하고 있다. 그러다 보니 꿈을 갖는 것은 사치로 여겨지기까지 한다.

꿈을 이루기 위해서는 공부를 포기해야 할 수도 있다. 그런데 그런 모험을 하기에는 우리 현실이 녹록지가 않다. 학교 시험을 위해 공부해야 하고 그것이 끝나면 학원에서도 레벨 테스트니 하며 바쁜 일과를 보내는 아이들은 마치 기계와도 같다. 꿈도 없이 점점 병들어 가고 있는 아이들을 보고 있자면 안타깝기만 하다.

　부모들은 아이들을 위해 많은 돈을 들인다. 처음에는 아이의 미래를 위해 투자한다고 생각해 물심양면으로 뒷바라지한다. 그러나 나중에는 투자한 금액만을 생각하고 이렇다 할 결과물을 내놓지 못하는 아이를 닦달한다. 정작 아이가 무엇을 좋아하고 잘하는지는 모르고 자신의 기준을 강요하는 것이다. 이런 어처구니없는 실수로 인한 아이의 좌절감과 상실감은 생각하지 못한다. 아이는 점점 부모와의 소통을 어려워하게 된다. 대학 입시에 실패한 아이는 재수생이라는 낙인이 찍혀 자존감이 떨어지게 되는데, 부모가 되어 그런 자녀를 감싸 주지는 못할망정 창피하다며 잔소리만 한다.
　이런 악순환을 막기 위해 무엇보다도 아이의 꿈에 대해 먼저 알아야 한다. 아이는 자신이 무엇을 좋아하는지 깊이 생각해야 하고, 부모는 아이의 모습을 관찰해 어떤 것을 좋아하고 잘하는지 알아주어야 한다.
　다른 누구보다 부모만이 아이에 대해 정확하게 알 수 있다. 아이가 자라는 모습을 유심히 살펴본 부모라면, 내 아이가 무엇에 민감하게 반응하고 좋아하는지 알 수밖에 없다. 많은 부모들이 아이가 아닌 자신이 원하는 것을 강요한다. 나는 이런 점이 무척

이나 안타깝다.

진정한 부모라면 아이를 위해 무엇을 해 줄 수 있는지 생각해 봐야 한다. 돈보다 시간이 중요하다는 것을 알고 삶의 진정한 가치와 소중함을 알아 가는 자세를 가져야 한다. 아이의 인생에서 무엇이 우선되어야 하는지에 중점을 두고 그에 맞는 동기부여를 해 주며 꿈을 펼칠 수 있는 환경을 만들어 주는 부모가 되어야 한다.

부모에게도 청소년 문화에 대한 교육이 절실히 필요하다. 내가 청소년 상담사 및 꿈 설계사의 꿈을 실현하고자 하는 이유는 청소년들을 상담하면서 가정환경의 중요성을 느꼈기 때문이다. 아이들에게는 사회를 살아가는 지혜를, 부모들에게는 아이와 소통하는 지혜를 전하고 싶다.

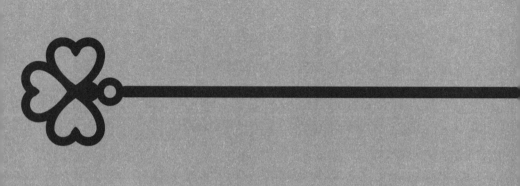

Chapter 7

자기계발 분야 최고의
성공철학 강연가 되기

———————— 장재형

장재형

'장수코리아 내표, 인문학 및 사기계발 믹기, 성공학 메신저, 강연가

친환경 원목 주방용품을 유통하는 회사의 대표로서 진정한 부를 창출하는 성공의 법칙에 대해 연구해 왔다. 자기계발과 인문학의 대중화를 위한 '인문학 드림 연구소' 설립을 목표로 하고 있다. 서양 인문학의 기초인 '그리스 로마 신화'에 대한 개인저서를 출간할 예정이다.

E-mail phillexjang@hanmail.net

01

인문학 베스트셀러 작가 되기

　　　　　　나는 2011년 가을, 부모님이 40년 넘게 경영해 오시던 사업을 물려받았다. 업소용 주방용품업체에 원목수입주방용품 등을 납품하는 '장수코리아'라는 회사로, 나는 현재 억대 수입을 내는 1인 CEO다. 내가 이 사업을 운영하면서부터 사업의 규모가 확대되고 매출 규모도 커졌다. 나는 소비자의 구매력을 자극하는 새로운 상품을 찾아내어 기존에 잘나가던 업체들과 어깨를 나란히 하고 있다. 이는 모두 인문학에 관심을 갖고 꾸준히 공부한 덕분이다.

　　나는 어릴 때부터 인문학에 관심이 많았다. 학부에서 법학을 전공했지만 세계고전문학도서를 즐겨 읽었다. 휴학하고 군에 입대

하기 전까지 300권가량의 세계문학도서를 읽었다. 덕분에 군대에서 선임병이 주최하는 상식퀴즈대회의 문학작품 저자 맞히기 게임에서는 늘 1등을 했다. 지금도 서점에서 세계문학작품을 보면 그때의 열정이 되살아난다.

《48분 기적의 독서법》의 김병완 작가는 누구나 책 1,000권을 읽으면 베스트셀러 작가가 될 수 있다고 말했다. 단, 조건이 있다. 1,000권을 읽는 데 걸리는 기간이 1,000일(3년) 이내여야 한다. 이렇게 독서의 임계점을 돌파한 사람들은 사고 수준이 도약하는 것을 느끼면서 눈부신 미래를 내다볼 수 있게 된다고 한다. 책을 쓸 수 있을 만큼의 지혜가 쌓이고 사고가 확장되어 누구라도 작가가 될 수 있고, 경영자가 될 수 있으며, 투자자가 될 수 있다는 것이다.

《리딩으로 리드하라》의 저자 이지성 작가는 "철학고전은 사람의 두뇌를 차원이 다르게 바꾸어 버린다. 사고의 수준을 혁명적으로 변화시킨다. 철학고전 독서로 다져진 두뇌는 시장의 본질을 본다. 서점에는 워런 버핏, 조지 소로스, 피터 린치, 짐 로저스 등 자본주의 세계의 최고 승자들의 투자 비법을 담은 책들이 넘쳐 난다. 하지만 그들의 책을 죽어라고 읽고 그들의 비법을 열심히 따라 한 사람 중에 놀라운 이익을 실현한 사람은 거의 찾아볼 수 없다. 이유는 간단하다. 치열한 인문고전 독서로 두뇌의 수준을 한 차원 높인 뒤에 터득한 투자의 비결을 담은 그들의 글을, 인문고전을 전혀 읽지 않은 두뇌의 수준으로 이해하고 투자에 적용하기 때문이다."라고 했다. 나는 이 의견에 공감한다. 워런 버핏, 존 템플턴, 빌 게이츠, 스티브 잡스 등은 이미 인문학적 교양을 갖추었기 때문에 창의성 있는 결과를 만들어 낸 것이다.

급속도로 발전하는 과학기술과 생활환경 속에서 분주하게 살아가다 보면 휴식이 필요해진다. 인문학은 이런 따분한 일상에서 삶의 활력소가 되어 준다. 내가 가장 관심 있는 분야는 서양미술사다. 예전에 미술관에 간 적이 있는데 큐레이터의 설명을 들어도 도무지 이해가 되지 않았다. 그 유명한 보티첼리의 〈비너스의 탄생〉이라는 작품을 보고도 '아름답다. 그런데 목이 부자연스럽게 기네'라는 정도의 생각밖에 하지 못했다. 작품에 나오는 인물과 그들의 스토리를 모르기 때문에 전혀 이해할 수 없었던 것이다. 작품을 제대로 감상하기 위해서는 역사와 그 시대에 대해 알아야 한다. 결국 인문학을 공부한다는 것은 철학, 문학, 미술, 역사, 음악 등의 모든 분야의 경계를 허물고 서로 교차하고 연결되는 망을 찾아내는 것이다.

나는 서양미술사와 그리스 철학에 대한 책을 읽다 보니 그리스로마 신화도 궁금해졌다. 영화 〈사도〉를 보면서는 조선왕조실록을 공부하고 싶다는 욕구가 생겼다. 그러면서 나도 이렇게 인문학 학습동기를 자연스럽게 불러일으키는 작품을 쓰는 작가가 되고 싶다는 꿈이 생겼다.

중국이 낳은 세계적 석학 린위탕은 그의 저서 《생활의 발견》에서 인류 진보의 구조와 그 역사적 변천을 나타내는 공식을 소개했다.

1. 현실 - 꿈 = 동물
2. 현실 + 꿈 = 마음의 고통(세상에서 이상주의라고 하는 것)
3. 현실 + 유머 = 현실주의(보수주의라고도 함)
4. 꿈 - 유머 = 광신
5. 꿈 + 유머 = 환상
6. 현실 + 꿈 + 유머 = 예지(지혜)

즉, 가장 좋은 사고방식은 꿈 또는 이상주의를 현실에 기인한 훌륭한 유머 감각으로 완화하는 것이다. 나는 인문학 학습을 통해 훌륭한 유머 감각을 얻을 수 있다고 생각한다. 현실, 꿈 그리고 유머가 삼박자를 이룰 때, 즉 현실이라는 바탕 위에 적당한 꿈을 가지고 인문학적 소양을 키워 유머러스하게 살아갈 때 지혜로운 사람이 되고 성공을 이루게 된다. 꿈이 있지만 혼자서 하는 인문학 공부는 나의 삶을 윤택하고 유머러스하게 해 줄지언정 한낱 환상에 지나지 않은 꿈으로 끝나게 할 것이다.

나는 현실에서 작가가 되는 방법을 찾아 나섰다. 여러 책을 읽던 중 《마흔, 당신의 책을 써라》, 《생산적 책쓰기》 등의 저자 김태광 코치가 운영하는 〈한책협〉을 알게 되었다. 바로 그곳에서 진행하는 〈1일 특강〉에 참석해 그의 강의를 들었다. 강의 중 가장 인상 깊었던 말은 "성공해서 책을 쓰는 것이 아니라, 책을 써야 성공한다."라는 말이었다.

나는 나의 인생을 과소평가해 왔다. 인생에 대해 아는 것도 부족하고 평범하게 살아온 나의 이야기는 아무도 진지하게 들으려 하지 않을 것이라고 생각했다. 그런데 실패나 좌절을 경험하고 인생이 뜻대로 풀리지 않아 고뇌했던 시간들이 오히려 많은 사람들의 공감을 얻을 수 있다는 것을 알게 되었다. 또한 고난을 극복하기 위해 노력한 나만의 스토리가 책이 되어 나온다면 사람들에게 큰 감동을 줄 것이라는 것을 깨달았다. 내가 보잘것없다고 생각했던 나의 경험과 지식이 책과 강의 등을 통해 전달된다면 독자들과 평생 같이 성장할 수 있으며 높은 수익도 올릴 수 있다.

인문학은 드넓은 바다와 같다. 인문학 작가가 되는 것은 보물섬을 찾아 항해하는 모험이다. 보물지도와 마찬가지로 인문학의 지도에는 보물이 숨겨져 있다. 그 보물은 인류가 흘린 땀과 눈물 그리고 과학과 지식의 결정체다. 우리는 탐험가가 되어 보물지도를 들고 낯선 길을 떠났던 사람들의 모험과 도전정신을 배워야 한다. 나는 인문학의 보물지도를 그려 내는 베스트셀러 작가가 될 것이다. 풍부한 인문학 세계의 지식을 요리해 많은 독자와 공유하고 싶다. 〈한책협〉을 만나 작가의 길을 걷게 된 것은 운명과도 같다. 성경말씀처럼 마음을 다하고 목숨을 다하며 힘을 다하고 뜻을 다하면 이루지 못할 일이 없다.

어떻게 하면 인생을 즐기면서 살 수 있을까? 어떻게 하면 오늘을 즐기고 미래에 대한 걱정 없이 재미있고 보람찬 삶을 살 수 있을까? 답은 간단하다. 삶에서 재미있는 것을 찾아내고 실행하면 된다. 이 세상에는 재미있는 것들이 많다. 많은 사람들에게 그것이 인문학 공부였으면 좋겠다.

자기계발 분야 최고의
성공철학 강연가 되기

2007년 겨울, 30대 중반이었던 그 시절이 나의 인생에서 가장 힘든 시기였다. 법조인이 되기 위해 힘들게 사법고시를 준비해 왔는데 결과는 불합격이었다. 꿈을 향한 많은 시간과 열정이 한순간에 물거품이 되어 버린 것이다. 나는 절망에 빠졌다. 인생의 실패자가 된 것 같았다. 직업도 변변치 않았고, 내 집도 마련하지 못했다. 더욱이 결혼이란 먼 미래의 일처럼 느껴졌다. 내 삶이 엉켜 버린 실타래 같아서 어디부터 풀어내야 할지 도무지 알 수 없었다.

대한민국의 20, 30대를 가장 힘들게 하는 문제는 좋은 직장에 취업하는 것과 배우자를 만나 결혼하는 것이다. 나 또한 이 두 가지 문제로 인해 괴로워했다. 어릴 때부터 가졌던 꿈과 희망이 좌절되어 하루하루를 무의미하게 보내던 날들이었다. 하지만 지금은 이런 시련들을 모두 극복했다. 늦은 나이에 시작한 사업을 성공적으로 이끌어 왔고, 그토록 간절히 바라던 배우자를 만나 결혼도 하게 되었다. 그런데 갑자기 나 자신이 어떻게 이 역경을 이겨 냈는지 궁금해졌다. 이 글을 쓰면서 나의 지난 몇 년간을 되돌아보기로 했다.

나는 어릴 적부터 부모님의 손에 이끌려 교회에 다녔다. 그러나 대학을 졸업하고 성인이 되어서는 바쁘다는 핑계로 교회에 나가지 않았다. 그러던 어느 날 친구의 추천으로 론다 번의 《시크릿》을 읽게 되었다. 책을 읽는 순간 하나의 깨달음이 머릿속을 스쳐 지나갔다. "무엇이든지 기도하고 구하는 것은 받은 줄로 믿으라. 그리하면 너희에게 그대로 되리라."라는 마가복음의 한 구절이었다. 인생의 전환점을 맞이하는 순간이었다. 하나님이 나를 다시 부르셨다. 교회에 다시 나가야겠다고 결심했다. 내가 교회에 열심히 다닌다면 하나님께서 내가 원하는 축복의 선물을 알아서 주실 것만 같았다.

또한 성공학에 관한 자기계발서들을 닥치는 대로 찾아 읽었다. 100권 이상의 자기계발서를 읽으면서 성공자들의 공통점을 발견하게 되었다. 명확한 목표의식, 자기신뢰, 저축하는 습관, 상상력, 열정 등의 성공 요소들을 갖춘다면 누구나 성공할 수 있다는 것이다.

《시크릿》에 나오는 감동적인 이야기를 하나 소개하겠다. 등장 인물 중 존 아사라프의 비전보드에 대한 이야기다. 그는 5년 전 비전보드를 만들며 어떤 집의 사진을 붙였다. 그가 지금 살고 있는 집이 바로 그 집이었다는 것이다. 그러면서 그제야 끌어당김의 법칙이 어떻게 작용하는지, 상상의 힘이 얼마나 큰지를 알았다고 말한다. 끌어당김의 법칙을 완벽하게 실현시킨 사례다. 그래서 나도 당장 비전보드를 만들어 원하는 것들의 사진을 붙이고 바라는 인생의 목표들을 적어 매일 눈으로 확인했다. 어떤 날은 눈을 감고 너무 생생하게 상상한 나머지 현실인 것처럼 몰입이 되어 기쁨의 눈물을 흘리기도 했다.

다음은 내가 그 당시 상상했던 것들이다.

첫 번째는 사업에 관한 상상이다. 나는 현금 200만 원으로 사업을 시작했다. 200만 원을 투자해 신상품을 구입했는데 주문전화가 오지 않았다. 밑져야 본전이라고 생각하고는 끌어당김의 법칙을 실험해 보기로 했다. 상품이 불타나게 팔려서 주야간으로 일하는 상상을 생생하게 했다. 그러자 큰 거래처에서 주문이 들어오기 시작하더니 이내 전국에서 온라인과 오프라인으로 주문이 쇄도했다. 정말 신기한 일이었다. 이런 상상의 힘으로 불과 몇 년 안에 수백 가지의 주방용품을 납품하는 회사로 거듭날 수 있었다.

성공학의 대가 나폴레온 힐은 "엄청난 부를 축적하기에 앞서 반드시 선행되어야 할 것은 부를 위한 강렬한 열망에 이끌리도록 자신의 마음에 자성을 부여하는 일이다."라고 했다. 정말 나에게도 자석으로 끌어당기는 것처럼 돈이 끌려 들어왔다. "그 작은 자가 천을 이루겠고 그 약한 자가 강국을 이룰 것이라."라는 성경말씀이 있다. 비록 나의 시작은 초라했지만 이런 성공의 법칙 덕분에 시간이 지날수록 점점 크게 이루어 낼 수 있었다.

두 번째는 결혼에 관한 상상이다. 어느 따뜻한 봄날, 사랑하는 우리 부부는 행복한 신혼생활을 한다. 나는 퇴근해서 아파트 현관문을 열고 들어온다. "여보, 나 왔어." 아내는 남편의 목소리를 듣고 맨발로 현관까지 뛰어나온다. 너무나 사랑스러운 남편에게 안긴다. 둘은 너무나 사랑한다. 그리고 창문을 통해 따뜻한 봄 햇살이 비치는 거실을 엉금엉금 기어 다니기 시작한 아가를 보며 행복한 웃음을 나눈다. 나는 이런 상상을 수없이 많이 했다. 너무나 실제와 같아서 감동의 눈물을 흘린 적도 많았다. 과연 결혼에 대한 나의 꿈은 이루어졌을까?

나는 작년 여름에 나의 이상형인, 나이 차이가 많이 나는 어린 신부와 결혼했다. 내가 퇴근할 때마다 사랑스러운 아내는 맨발로 뛰어나와 포옹을 해 준다. 그리고 올여름 우리의 결실인 사랑스러운 아가와 만날 예정이다. 나는 지금 인생에서 가장 행복한 나날을 살아가고 있다.

세 번째는 재테크에 관한 상상이다. 2008년 당시 나는 무주택 자였지만 부동산 재테크에 관심이 많았다. 2008년에 공인중개사 자격증을 3개월 만에 취득했다. 물론 그때 부모님 사업을 이어받았기 때문에 부동산에 관한 일을 하지는 않았지만 부동산과 재테크에 관한 공부는 투자를 하는 데 많은 도움이 되었다.

나는 꾸준히 재테크를 한 결과 지난 한 해 동안 아파트를 세 채나 구입했다. 그중 두 채는 강남구 역삼동에 위치해 있다. 이제 나의 꿈은 앞으로 10년 안에 꼬마빌딩을 소유하는 것이다. 벌써 며칠 전에 강남에서 원하는 빌딩의 사진을 찍어 왔다. 이제부터 원하는 꼬마빌딩의 주인이 된 모습을 생생하게 꿈꿀 것이다.

나는 그 빌딩에 아카데미를 세울 것이다. 각 분야의 전문가들을 초청해 자기계발 및 인문에 관한 강연을 열고 자신의 꿈을 향해 나아가는 사람들에게 도움을 주는 메신저가 되고 싶다.

나는 성공학 분야에서 최고의 강연가가 되기 위해 비전보드에 이렇게 썼다.

첫째, 진정한 부자가 되기 위한 삶의 원칙을 매일매일 실천하기
둘째, 성공학에 관한 책을 집필해 베스트셀러 작가 되기
셋째, 자신만의 꿈을 찾는 방법과 그 꿈을 실현하는 방법을 찾아 주는 드림 코치 및 동기부여 강연가 되기
넷째, 10년 안에 아카데미를 설립하고 각 분야의 전문가들을

　누구에게나 인생의 터닝 포인트가 있다. 삶이 소중하고 특별하다고 생각하며 살아가는 것이 중요하다. 그러면 언젠가 우리의 삶에 활짝 핀 꽃길이 펼쳐질 것이다. 나는 살아 있는 매 순간이 기적이라고 생각한다. 내가 꿈꾸어 온 것들이 이루어지는 것 또한 기적이다. 사실 자기계발 분야 최고의 성공학 강연가가 되겠다는 나의 간절한 소망은 벌써 이루어졌다. 원하는 꿈을 종이 위에 적고 그 꿈을 이룬 모습을 생생하게 상상한 순간에 말이다.

03

10년 안에 강남에 꼬마빌딩 소유하기

행운목의 꽃말은 '약속을 실행하다'라고 한다. 행운목은 아프리카 열대지역이 원산지로, 아스파라거스과에 속하는 관엽식물이다. 줄기는 높이 6m 정도로 곧게 자라며, 잎자루가 없이 옥수수 잎처럼 빽빽이 붙어서 자란다. 줄기 끝에 작은 꽃들이 피는데, 꽃은 평생 키우면서 더러는 한 번도 보지 못한다고 알려져 있다.

우리 아버지는 집안에 좋은 기운이 넘치라고 화초나 나무를 많이 키우신다. 몇 년 전에는 공기정화식물인 행운목을 키우셨다. 그해 우리 집에는 100년에 한 번 핀다는 행운목이 꽃을 활짝 피웠다. 신기하게도 행운목 꽃은 밤 8시만 되면 활짝 만개해 거실을 온통 꽃향기로 가득 채웠다. 꽃이 피는 것을 일생에 한 번도 보기 힘들기 때문에 그 꽃을 본 사람은 인생에서 커다란 행운을 잡게 된다고 해서 행운목이라는 이름이 붙었다고 한다. 행운목이 꽃을 피우면 집을 사게 된다는 말도 들었다.

예전에 나는 가끔 '남들에게는 흔한 행운이 나에게는 왜 한 번도 오지 않는 것인가'라고 한탄하기도 했다. 그래도 '언젠가는 나에게도 좋은 행운이 오겠지'라며 막연한 기대 속에 희망을 가지고 살아왔다. 그런데 신기하게도 행운목이 핀 그해 나는 내 생애 처음으로 아파트를 장만하게 되었다.

그 이후로도 5년 동안 행운목은 때가 되면 계속 꽃을 피웠다. 행운목이 우리 가족들에게 앞으로 좋은 나날들이 계속될 것이라고 말하는 것만 같았다. 정말로 그 이후로 쭉 우리 집에 경사가 났다. 첫째 동생은 아이들을 다 키워 놓고 원하는 회사에 정식 직원으로 재취업에 성공했고, 막내 동생은 삼성전자에 취직하고 강남에 있는 아파트를 매입해 임대료를 받게 되었다. 그리고 나는 작년에 결혼도 하고 아파트 세 채를 샀다.

2015년쯤, 나는 빌딩전문가 임동권 공인중개사의 《10년 안에 꼬마빌딩 한 채 갖기》라는 책을 읽게 되었다. 여기서 '꼬마빌딩'이란 월세가 500만~2,000만 원쯤 나오는 10억~50억 원대 소형 빌딩이라고 한다. 그 책을 읽은 것을 계기로 나는 강남에 꼬마빌딩을 갖고 싶다는 꿈을 꾸게 되었다. 하지만 그 당시 강남을 돌아다니면서 '도대체 얼마나 돈을 모아야 이곳에 집을 살 수 있을까?'라는 생각이 들었다. 나에게는 먼 미래의 일처럼 느껴졌다. 강남에 꼬마빌딩은커녕 아파트 한 채를 구입하기에도 가진 돈이 턱없이 부족했기 때문이다.

꼬마빌딩을 소유하기 위해서 나는 무엇을 해야 하는가? 그 대답은 간단하다. '백만장자'가 되면 된다. 이제 나의 최고의 꿈은 백만장자가 되는 것이다. 그렇다면 백만장자의 마인드를 갖기 위해서는 어떻게 해야 하는가? 나는 부자 마인드를 갖기 위해 다음과 같은 행동을 할 것이다.

첫째, 부자처럼 생각하고 부자처럼 행동한다.

무일푼에서 불과 2년 반 만에 백만장자가 된 하브 에커는《백만장자 시크릿》이란 책에서 부자가 되기 위해서는 집중력, 용기, 지식, 전문기술, 100%의 노력, 포기하지 않는 태도, 그리고 백만장자 마인드가 필요하다고 말했다.

서른여덟 살에 50억 자산가가 된 김태광 코치는 그의 저서 《서른여덟 작가, 코치, 강연가로 50억 자산가가 되다》에서 "부자가 되고 싶다면 부자 마인드를 가져라."라고 말하고 있다. 그는 럭셔리한 삶을 지향하면서 싸구려 볼펜으로 소중한 독자들에게 사인을 해 주고 있다는 사실을 깨닫고 당장 백화점에 가서 가장 고가의 몽블랑 만년필을 구입했다고 한다. 강연이 끝난 뒤에 그 만

넌필로 사인을 해 주자 사람들이 자신을 바라보는 시선이 확연히 달라졌다고 한다. 또한 펜의 상단 하얀 몽블랑 스타를 보면서 최고의 스타가 된 자신의 모습을 생생하게 상상했다고 한다.

이렇게 스스로 부자의 에너지를 높인다면 자연히 사람들은 나의 매력에 끌릴 것이다. 즉, 돈은 우리의 에너지가 충만한 흐름 속에 있을 때 자동으로 흘러 들어온다.

둘째, 긍정적 에너지를 가진 사람들과 가까이한다.

나는 세계적으로 성공한 부자의 이야기에 관심을 갖고 그들의 성공담에서 영감을 얻어 특별한 성공 전략을 연구할 것이다. 성공한 부자들의 마인드를 습득할 것이다. 또한 풍족한 환경에서 살고 있는 부유한 사람들과 관계를 맺을 것이다. 부자들이 만들어 놓은 성공 청사진으로 나는 더 수월하게 성공의 길을 밟을 수 있을 것이다.

셋째, 돈 자체를 목표로 하지 않고 열정을 따르는 삶을 살아간다.

미국의 사상가 랠프 월도 에머슨은 "열정은 성공을 낳는다."라고 말했다. 열정이란 그 어원을 보면 그리스어 '엔테오스/엔토우스(entheos/enthous)'로, '신 또는 초인적인 존재가 가진 힘'이라는 뜻이다. 이런 타오르는 열정은 성공을 부르는 원동력이다. 돈은 성공하면 자동으로 따라올 것이다. 열정을 따를 때 기적이 일어나는 것이다. 성경에 "돈을 사랑함이 일만 악의 뿌리가 되나니."(딤전 6:10)라는 말씀이 있다. 돈에 지배당하고 돈의 노예가 되는 것은 올바르지 못한 일이다.

넷째, 부자는 돈 관리를 잘한다.

《이웃집 백만장자》의 저자 토머스 스탠리는 미국과 캐나다의 백만장자들을 연구해 그들의 특징과 부자가 된 방법을 한마디로 요약했다. "부자는 돈 관리를 잘한다."는 것이다. 즉, 큰돈을 굴리기 전에 적은 돈부터 관리하는 습관과 기술을 터득해야 한다는 것이다. 그 외에도 부를 얻는 부자의 법칙은 수없이 많이 있을 것이다.

마지막으로 가장 중요한 것은 '생각이 현실이 된다'라고 굳게 믿는 것이다. 즉, 우리는 원하는 것을 끌어당기는 것이 아니라 생각한 대로 끌어당기는 것이다. 히포의 성 아우구스티누스는 "믿음은 아직 당신 눈에 보이지 않는 것을 믿는 것이다. 그리고 이 믿음에 대한 보상은 당신이 믿는 대로 보게 되는 것이다."라고 말했다.

나는 나의 비전보드에 꼬마빌딩 사진을 붙여 놓고 이미 이루어졌다고 믿고 있다. 그리고 꼬마빌딩은 아니지만 이번 달에 강남에 있는 아파트로 이사를 간다. 나는 꿈을 향해 조금 더 나아가고 있다고 굳게 믿는다. 상상만으로 심장이 뛰기 시작한다.

사랑하는 아내와
세계문화여행 하기

눈 내리는 겨울이 되면 늘 연상되는 장면이 있다. 눈이 펑펑 쏟아지는 하버드 대학 캠퍼스에서 두 남녀가 서로 키스하며 눈밭에서 뒹굴면서 아름다운 눈 장난을 한다. 여기에 'Snow Frolic'이라는 제목의 테마송이 잔잔히 흐른다. 영원한 명작영화 〈러브 스토리〉의 한 장면이다.

작년 겨울 아내와 여행을 떠난 날 엄청난 눈이 왔었다. 그때를 떠올리며 지난 일요일에 아내와 함께 〈러브 스토리〉를 보았다. 남자 주인공 올리버는 여자 주인공 제니퍼가 파리 유학을 포기하고 자신과 가난하게 결혼생활을 하다가 백혈병까지 걸리자 미안해한다. 그런 남편에게 제니퍼는 죽기 전에 "사랑이란 결코 미안하다는 말을 해서는 안 되는 거예요."라고 말한다. 이 장면에서 아내와 나는 눈물을 펑펑 흘렸다. 나는 아내에게 미안하다는 말을 할 상황을 만들지 않겠다고 결심했다. 그래서 아내를 위해 내가 할 수 있는 것들을 생각해 봤다. 바로 사랑하는 아내와 세계문화여행을 떠나는 것이다.

문득 그저 좋아서 여행을 했던 그 시절을 회상해 본다. 여행을 생각하고 있다는 사실만으로 너무나 즐거웠던 시절이었다. 그러나 나이가 들어가고 하루하루 바쁜 현실에 쫓기다 보니 감정도 시들고 타오르던 열정도 식어 버렸으며 기쁨도 없어졌다. '여행을 떠난 지가 너무 오래되었구나'라고 생각하며 아내와 나는 각자 옛날 여행 이야기에 빠져들었다.

이제 더 이상 혼자 하는 여행은 싫다. 사랑하는 아내와 같이 여행하고 같은 추억을 공유할 수 있는 행운이 내게도 다가온 것이다. 일단 아내와 나는 프랑스 파리와 사랑에 빠지기로 했다. 문화, 예술, 공연의 중심지인 파리를 첫 여행지로 선택했다.

아내와 파리에 가고 싶다는 생각을 하게 된 것은 영화 〈미드나잇 인 파리〉를 보고 나서다. 영화는 첫 장면에서 파리의 전경을 약 4분간 보여 준다. 멀리 에펠탑이 보이는 센 강, 빨간 풍차의 물랭루즈, 원근감이 느껴지는 개선문, 관광객을 가득 실은 유람선, 녹음이 우거진 잘 정리된 공원, 많은 사람들로 붐비는 카페거리

등은 나로 하여금 파리에 푹 빠져들게 했다. 특히 노천카페 앞 테이블에 여유롭게 앉아 있는 프랑스 사람들을 보면 '삶을 즐길 줄 아는구나'라는 생각이 든다. 우리나라 사람들이 뭐든지 '빨리빨리'를 외치며 살아가고 있는 것과는 대조적이다. 파리의 레스토랑에서는 음식이 천천히 나온다고 한다. 빨리 달라고 재촉하면 더 늦게 나온다고 한다. 프랑스 파리라는 도시와 사랑에 빠지기 위해서는 그들의 문화를 더 이해하는 것이 필요하겠다.

사랑하는 아내와 파리에서 하고 싶은 것들을 상상해 본다.

첫째, 에펠탑 위에서 파리 전경 바라보기

프랑스의 상징이자 파리의 심장인 에펠탑을 사이에 두고 아내와 사진을 찍을 것이다. 그리고 에펠탑에 올라가서 파리의 전경을 볼 것이다. 《프랑스와 사랑에 빠지는 여행법》이라는 책에 에펠탑을 가장 멋지게 볼 수 있는 곳 '베스트 8'이 소개되어 있다. 이 방법대로 에펠탑을 바라보는 것도 재미있을 것 같다.

둘째, 파리의 센 강 다리에서 사랑의 자물쇠 달기

센 강에는 37개의 다리가 놓여 있는데 그중 퐁데자르 다리는 '사랑의 자물쇠 다리'로 유명해서 많은 연인들이 몰린다고 한다. 파리에 온 연인들은 너 나 할 것 없이 이곳에 찾아와서 사랑의 자물쇠를 채우고 다시는 풀 수 없게 열쇠를 강물에 던진다고 한다. 나도 아내와 퐁데자르 다리에서 영원한 사랑을 맹세할 것이다.

셋째, 커피 향과 빵 냄새 가득한 파리 골목길 카페투어 하기

나는 아내와 카페에서 커피 마시는 것을 좋아한다. 나는 몇 년 전에 커피 아카데미를 다닐 때 동기들과 유명한 카페들을 찾아다니는 카페투어를 했었다. 하루에도 수십 잔의 커피를 마시고 카페인 때문에 심장이 쿵쾅거렸던 기억이 난다. 사랑하는 아내와 가벼운 파리식 아침을 먹고 나서 카페 앞에 놓여 있는 테이블에 앉아 파리지앵의 일상을 고스란히 느껴 보고 싶다. 따뜻한 커피를 마시며 우리의 시시콜콜한 사랑이야기부터 삶의 철학에 대한 이야기도 해 보고 싶다. 파리의 한적한 일요일 아침 풍경을 보고 있는 것만으로도 힐링이 될 것이다.

넷째, 루브르 박물관과 오르세 미술관에서 명화 산책하기

프랑스에 가면 누구나 루브르 박물관과 오르세 미술관을 방문한다. 루브르 박물관은 세계에서 가장 큰 박물관으로, 매년 1,000만 명 이상이 이곳을 찾는다고 한다. 루브르에는 방대한 예술품이 망라되어 있다. 나는 회화에 관심이 많기 때문에 드농관 2층에서 시작해 리슐리외관 3층, 그리고 쉴리관 3층의 순으로 감상할 것이다. 드농관 2층에는 레오나르도 다빈치의 최고의 작품 〈모나리자〉가 전시되어 있는데 그 위대한 작품을 직접 본다는 상

상만으로 심장이 떨린다.

센 강을 사이에 두고 루브르 박물관과 마주하고 있는 오르세 미술관에는 인상주의 전후 화가들의 작품이 전시되어 있다. 나는 그중 빈센트 반 고흐의 〈별이 빛나는 밤〉이 너무나 보고 싶다. "나의 그림은 내가 말할 수 없는 것을 보여 준다."라고 말한 고흐의 예술의 진실을 느껴 보고 싶다.

그 외에도 프랑스 남부에서 가장 멋진 바다 풍경을 볼 수 있는 휴양도시 니스의 해변에서 일광욕 즐기기, 마티스 미술관, 샤갈 미술관, 피카소 미술관 관람하기, 소설 《향수》의 배경이 되고 코코 샤넬로 하여금 '넘버5'라는 향수를 출시하게 했던 그라스 방문하기, 올리브나무와 해바라기 밭이 끝없이 펼쳐진 프로방스 여행하기 등을 실천하고 싶다. 특히 6월에서 8월까지만 만개하는 프로방스 라벤더 꽃밭은 라벤더 향기로 넘실대는 보랏빛 바다를 연상하게 하는 매력적인 곳이다.

여행은 나를 발견할 수 있는 세상에서 가장 좋은 방법이다. 여행하고 있는 그 순간뿐만 아니라 여행을 가기 위해 준비하는 시간 또한 나에겐 큰 의미가 있다. 파리를 여행하고 있는 우리 부부의 모습을 상상하는 것만으로도 마음이 설렌다.

05

북카페 도서관
설립하기

어린 시절 나는 책을 무척 좋아했
다. 책은 타임머신과 같다. 어린 시절 읽었던 책들이 그 시절을 기
억나게 해 준다. 부모님이 처음으로 사 주셨던 동화책들과 세계
문학전집, 위인전 그리고 백과사전 등이 기억난다. 중학생이 되어
처음으로 광화문에 있는 교보문고를 가게 되었다. 엄청나게 많은
책들이 있었다. 나에게는 신세계였다. 저녁 늦게까지 책을 보다가
집으로 돌아간 적도 많았다. 30년이 지난 지금도 나는 퇴근길에
서점을 방문하는 것이 취미다. 서가에 빼곡히 들어차 있는 책들
을 보면 기분이 좋아진다. 나는 책에 대한 욕심이 남보다 많은 것
같다.

내가 또 하나 좋아하는 것이 있다면 바로 커피다. 나는 커피를

너무 좋아해서 커피 아카데미에서 커피에 대해 공부하고 바리스타 자격증도 취득했다.

요즘은 카페에서 책을 읽는 사람들을 많이 볼 수 있다. 나는 커피를 마시면서 책을 읽을 수 있는 북카페를 좋아한다. 정숙한 분위기의 도서관보다 북카페에서 사람들의 적당한 소음과 온기를 느끼며 책을 읽는 것이 오히려 몰입도가 좋다. 음악이 잔잔히 흐르는 가운데 진한 커피를 마시면서 책을 읽을 때면 정말 행복하다.

3~4년 전부터 강남과 홍대 등을 중심으로 북카페가 유행하고 있다. 혼자 가도 전혀 어색하지 않고, 책과 벗이 되어 나만의 시간을 보낼 수 있다. 판타지 소설이나 만화책이 있는 북카페, 출판사가 출판물 홍보용으로 차린 북카페 등 다양하다. 그러나 책을 그저 장식용으로 늘어놓았을 뿐인 북카페도 꽤 있어서 가끔은 실망할 때도 있다.

괜찮은 북카페를 찾아 여행하는 것도 복잡한 도시생활에서 여유를 느낄 수 있는 좋은 방법이다. 나는 최근 파주출판문화산업단지에 조성된 '지혜의 숲'이라는 도서관을 방문했다. 약 50만 권이라는 어마어마한 소장 도서를 자랑하는데 모두 기증 도서라고 한다. 1층은 국내 학자, 지식인, 전문가들이 기증한 도서가 소장된 공간이고, 2층과 3층은 출판사가 기증한 도서로 채워져 있다.

지혜의 숲은 바닥부터 천장까지 온통 책으로 가득해 도서관이라기보다는 '책의 무덤'에 가깝다고 비판하는 사람도 있다. 하지만 도서를 분야별이 아닌 출판사별로 분류해 놓아 색다른 관점에서 책을 볼 수도 있다. 이곳은 단순히 책을 열람하는 곳이 아니라 자유롭게 책을 읽고 내용에 대해 토론하는 문화 공간을 지향한다. 또한 곳곳에 카페와 서점도 있고 책상도 널찍해서 독서하기에 편안하다.

나는 지혜의 숲을 보면서 나만의 북카페 도서관을 세우고 싶다는 생각을 했다. 나의 북카페에 대한 로망을 충족시켜 주고, 지치고 외로운 삶을 살아가는 여행자들에게 위안이 되는 북카페 도서관을 설립하고 싶다.

우리나라에서는 2013년부터 북유럽식 인테리어 열풍이 일고 있다. 인테리어에 관심이 있는 사람들은 북유럽의 단아하고 깔끔한 가구와 주방용품에 반해 북유럽식 물품들을 구입한다. 나 또한 북유럽에 관심이 많다. 특히 핀란드식 교육혁명, 핀란드식 부모혁명 등 핀란드식 교육법에 지대한 관심이 있다. 핀란드에는 도서관이 엄청 많다고 한다. 핀란드의 독서율이 높은 이유는 도서관 덕분이라고 생각한다. 핀란드에서는 대학 도서관을 포함해 대다수 도서관에서 누구든 무료로 책을 빌려 볼 수 있다고 한다. 그러나 한국에서는 갈 도서관도 마땅치 않다.

나는 다음과 같은 북유럽식 도서관을 꿈꾼다.

첫째, 작가와의 만남이 있는 북카페 도서관

작가는 독자들과 북카페에서 만나 책에 대해 강연, 토론, 이야기 등을 한다.

둘째, 혼자만의 시간이 제공되는 북카페 도서관

홀로 카페에 앉아 누구에게도 방해받지 않고 책 속에 빠져든다. 그리고 작가가 말하고자 하는 무언가를 만나고 소통하며 공감할 수 있는 혼자만의 시간을 갖는다.

셋째, 명화가 있는 미술관 북카페 도서관

카페로 들어서면 미술관이라고 착각할 정도로 유명한 미술작품들이 전시되어 있다.

넷째, 헤르만 헤세를 만날 수 있는 세계문학카페 도서관

따뜻한 키피 한 잔을 앞에 두고 헤르만 헤세 등의 작가들의 작품을 만날 수 있다는 것은 정말 가슴이 뜨거워지는 일이다.

다섯째, 꿈을 만들어 주는 드림카페 도서관

사람들에게 꿈을 심어 주고 함께 꿈을 실현해 가는 데 도움을 주는 드림카페 도서관을 운영하고 싶다. 생각만 해도 행복하다.

여섯째, 커피 볶는 향이 퍼지는 도서관

들어서면 커피 볶는 향이 온 가득 퍼지는 도서관을 운영하고 싶다. 많은 사람들과 커피 향 같은 행복을 나누고 싶다.

일곱째, 아이를 위한 도서관

아빠로서 내 아이를 위한 도서관을 만들어 주는 것이 나의 꿈이다. 내 아이뿐만 아니라 모든 아이들을 위한 도서관이 되도록 아이들에게 도서관이 주는 매력과 그리움을 알게 해 주고 싶다. 아이에게 책을 읽으라고 강요하지 않고 자연스럽게 책을 읽을 수 있는 아름다운 환경을 만들어 주는 것이 중요하다고 생각한다. 책을 읽으며 자란 아이는 어른이 되었을 때 책을 멀리하는 사람이 되지는 않을 것이기 때문이다.

도서관은 내가 어릴 적 꿈꾸던 공간이다. 도서관에서 책을 읽고 있으면 과거와 현재의 사람들과 만나게 된다. 시공간을 초월해 그들과 토론하고 그들의 문화, 예술과 지식을 향유할 수 있다. 내가 사랑하는 북카페 도서관은 나의 우주다. 내가 원하는 모든 것들이 그 도서관의 책 속에 있기 때문이다.

Chapter 8

행복과 희망을 전하는
건강전도사 되기

—————— 류한윤

류한윤

특시경영 코치, 웰니스 플래너, 희망드림 메신저, 자기계발 작가, 강여가 동기부여가

건국대학교 섬유공학과를 졸업하고 20년간 무역회사에서 근무했다. 어느 날 찾아온 낙상사고로 큰 부상 후 회복
과정에서 인생의 전환점을 맞이했다. 독서와 운동으로 힘든 시간을 극복하면서 새로운 삶을 설계하며 사람들에
게 건강과 희망을 전파하고 있다. 현재 독서와 관련한 개인저서를 집필 중이다.

E-mail rhyforg@naver.com, rhyforg1@gmail.com
Blog http://blog.naver.com/rhyforg
SNS http://www.facebook.com/ryu.hanyoun

울트라마라톤과
보스턴 마라톤 출전하기

"같이 달리기 해 보실래요?"

2001년 8월의 어느 날, 전산실 김 대리가 나에게 건넨 말이다.

나는 잘 뛰는 편은 아니었지만, 학창시절 학교에서 장거리 달리기를 하면 즐기는 편이었다. 독서실에서 집까지 뛰어간 적도 있다. 버스로 다섯 정거장 정도의 거리였으니 대략 4~5km는 되었을 것이다. 평소 운동을 꾸준히 하던 편이 아니라서 힘들긴 했지만 멈추지 않고 계속 뛰었다. 숨이 넘어가도록 힘들었던 기억이 아련하다.

대학시절에는 학교 축제 중에 단축 마라톤이 개최되어 출전했던 경험이 있다. 당일에 학교에 가서야 알게 된 터라 사이즈가 맞지도 않는 친구의 운동화를 빌려 신고 넓은 도로를 마음껏 달렸다.

달리고 싶은 마음은 늘 내 안에 있었던 모양이다. 김 대리의 제안을 받은 그날 저녁, 나는 퇴근한 뒤 바로 밖으로 나가서 뛰었다. 아무런 준비도 하지 않고 제대로 된 러닝화도 없이 말이다. 짧은 거리를 뛰었지만 기분이 너무나 상쾌했다.

이렇게 나의 달리기는 시작되었다. 점점 달리기의 매력에 빠져갔다. 작은 부상에 시달리기도 했지만 그해 10월에는 처음으로 하프마라톤대회에 참가했다. 이듬해에는 풀코스 마라톤도 완주했다. 좋은 기록은 아니었지만 달리는 그 자체에서 행복을 느꼈다.

지금도 첫 풀코스였던 2002년 3월 동아마라톤대회를 잊을 수 없다. 누구에게나 첫 기억은 오래 남겠지만 나에게 첫 풀코스 마라톤은 지금도 생생하게 기억될 정도다. 대회 당일 최고의 컨디션을 이끌어 내기 위해 식이요법을 병행하고 마라톤복도 새로 사는 등 만반의 준비를 했다.

코스 초반에는 계획했던 페이스를 유지하며 달렸다. 초반에 오버페이스를 하면 안 된다는 마라톤 선배들의 충고를 새겼다. 하지만 후반부에 들어서면서 올라가는 페이스에 컨디션이 좋은 것으로 착각하는 우를 범하고 말았다. 흔히 마라톤의 벽은 30km라고 한다. 그 벽을 넘으려면 평소에 장거리 연습을 꾸준히 해야 하고 오버페이스를 하지 않으며 체력 안배를 잘해야 한다. 하지만 나는 몸이 가는 대로 페이스를 올려 버렸고, 결국 26km 지점부터 다리가 풀리면서 페이스가 점차 떨어졌다. 이후에는 그야말로 사투였다. 절대 걷지 않겠다는 일념으로 남은 거리를 채워 나갔다. 당시 교제를 시작한 지 얼마 되지 않았던 지금의 아내와 누나네 가족들이 내가 골인하기를 기다리고 있던 잠실운동장을 향해 힘겨운 걸음을 내디뎠다.

드디어 잠실운동장 트랙을 밟는 순간 마치 올림픽에 나간 선수라도 된 것처럼 힘껏 달렸다. 운동장을 가득 메운 사람들의 응원소리가 나를 향하고 있는 것 같았다. 나는 두 손을 번쩍 들고 골인했다. 4시간 11분이라는, 처음치고는 나쁘지 않은 기록으로 완주했다. 끝까지 걷지 않으려 노력해 결국 완주했다는 성취감은 이루 말할 수 없었다. 15년 전의 일이지만 아직도 사진처럼 선명하다.

나의 달리기는 끊어질 듯 계속 이어져 왔다. 하지만 일이 바쁘고 일상에 집중하다 보니 달리고픈 욕망은 마음 깊은 곳에만 자리해 있었다. 다시 달리고 싶다는 생각은 계속해 왔지만 실천하기가 쉽지 않았다. 2014년, 계속 늘어나는 체중에 경각심을 갖고 운동의 불을 지피기로 마음먹었다. 그리고 다시 밖으로 나가 달리기 시작했다. 그 이후로 지금까지 몇 번의 고비가 있었지만 멈추지 않고 꾸준히 달리기를 이어 오고 있다.

예전에는 혼자 달렸지만 지금은 네이버 카페 '마라톤114'에 가입해 훈련후기도 쓰고 모임에도 참여하고 있다. 사람들과 어울리며 동기부여를 받을 수 있어서 멈추지 않고 계속 달릴 수 있는 것 같다. 9년 만에 다시 동아마라톤대회에 참가해 완주했고, 다른 풀코스 대회도 여러 번 완주했다. 4시간 안쪽으로 기록을 갱신하자 기록 욕심도 생기기 시작했는가 하면 새로운 도전을 해 보고 싶다는 욕구도 덩달아 생겼다.

마라톤은 5km, 10km, 하프코스, 풀코스로 나뉘고, 대회에 따라서 각종 이벤트가 있다. 나는 하프코스와 풀코스를 주로 뛴다. 풀코스에서의 기록 갱신도 기분이 좋지만, 몇 년째 이어지는 달리기에서 다른 도전을 하기로 결심했다. 바로 100km 울트라마라톤과 보스턴 마라톤 참가다.

울트라마라톤은 자신의 한계에 도전하는 것이다. 10시간 이상을 달릴 수 있어야 하며 포기하지 않고 제한시간 내에 완주해야 완주패를 받을 수 있다. 지금부터 차근차근 준비하고 훈련해서 2017년이 가기 전에 꼭 도전하기로 나 자신과 약속했다.

보스턴 마라톤은 120년의 역사를 자랑하는, 세계에서 가장 전통 있는 대중 마라톤 대회다. 한국과도 인연이 깊어 1947년에는 서윤복 선수, 1950년에는 함기용 선수가 우승했었고, 가장 최근인 2001년에는 이봉주 선수가 우승했다.

마라톤을 즐기는 사람이라면 누구나 보스턴 마라톤에 참가하고 싶어 한다. 나 역시 그렇다. 하지만 보스턴 마라톤은 아무나 참가할 수 있는 대회가 아니다. 나이대별로 공인대회에서의 기록증을 요구한다. 그 기준이 결코 낮지 않다. 내 나이대인 40~44세 남자는 3시간 15분, 45~49세 남자는 3시간 25분이 기준 기록이다. 마라톤에 입문한 지 14년 만에 3시간 50분대의 기록을 갖게 된 나로서는 좀처럼 엄두가 나지 않는 기록이다. 25~35분을 단축해야 참가 신청을 할 수 있는 것이다.

말이 25~35분이지, 거리로는 무려 5km이고 km당 페이스를 평균 4분 40초로 유지해야 하는 어마어마한 기록이다. 지금 내 최고 기록의 평균 페이스는 5분 30초다. 주력이 좋은 주자들에게는 해당되지 않는 이야기겠지만, 그간 출전한 풀코스 마라톤에서 4시간이 넘는 기록을 더 많이 세운 나로서는 보스턴 마라톤 도전 자체가 무리라고 생각했다. 그래서 애초에 출전을 생각해 본 적도 없었다. 하지만 이제는 도전해 보기로 스스로에게 주문을 걸었다.

기준 기록 달성을 위해서는 많은 노력이 필요하다. 꾸준히 달리는 것은 기본이고, 체계적인 훈련이 필요하다. 스피드주와 인터벌주, 장거리주 등으로 훈련해 나가야 한다. 주기적으로 대회에 참가해 기록 및 실력 향상도 체크해야 한다. 무엇을 하든 꾸준함과 성실한 노력은 반드시 원하는 결과를 가져온다고 믿는다. 내가 할 수 있는 모든 것을 끊임없이 실행해 나간다면 실력 향상은 덤으로 따라올 것이다. 반드시 내가 원하는 결과를 얻을 수 있다는 이미지 트레이닝도 꾸준히 할 것이다. 3년 내에는 꼭 기준 기록을 만들어 내기로 다짐하며 나만의 꿈 리스트에 다음과 같이 적었다.

"나는 2020년 4월 124회 보스턴 마라톤 대회에 참가하게 되었다. 그간의 끊임없는 노력은 나에게 기준 기록 달성이라는 선물을 안겨 주었고, 드디어 내가 꿈에 그리던 보스턴에 와 있다. 정말 꿈만 같다."

보스턴 마라톤 대회 출발선에 선 모습을 그리며, 나는 오늘도 차가운 새벽 공기를 가르며 달린다.

02

책으로 사람들에게
건강의 중요성 알리기

나는 언젠가부터 새해 계획 목록에 '독서하기'를 적어 넣었다. 적어도 한 달에 1권은 읽겠다고 다짐하지만 지킨 적은 거의 없었다. 조금씩 책을 읽기는 했지만 지속적인 습관으로 만들기가 어려웠다. 이런 나에게 독서가 더 가깝게 다가오는 계기가 생겼다.

아내가 일하는 곳의 이벤트 코너 중에 '북카페'가 있었는데 내가 추천을 받게 된 것이다. 사람들 앞에서 발표해 본 적이 너무 오래되어 기억도 없을 정도였는데 그런 추천을 받으니 갈등이 생겼다. 하지만 아내의 간곡한 부탁이 있어 우선은 그 코너를 맡아 무대에 서기로 했다. 그때 읽고 있던 책이 스티븐 코비의 《성공하는 사람들의 7가지 습관》이었다. 나는 책에 나오는 내용 중 '패러다

임'에 대해 발표했다.

사람은 누구나 자신만의 고정관념, 즉 패러다임을 갖고 있다. 코비는 이러한 패러다임의 전환이 없으면 성공의 길로 나아갈 수 없다고 이야기하고 있다. 나 또한 나만의 패러다임에 묶여서 살아가고 있는지도 모른다. 나만의 생각과 고정관념의 틀에서 벗어나 새로운 패러다임을 읽어 나가야 발전하고 성장할 수 있다.

많은 사람들 앞에서 하는 발표는 아니었지만, 그래도 수십 명의 시선을 받으면서 내게 주어진 20분간의 짧은 발표를 마쳤다. 이는 나를 조금이나마 바꿔 보고자 마음먹는 계기가 되었다. 나를 돌아보고 새로운 계획을 세워 실천해 나가기 시작한 것이다. 그중에서도 책 읽기에 더욱 집중하게 되었다. 그런 시간을 만들어 가게 된 것이 지금 생각해도 정말로 고맙게 여겨진다.

이후 독서는 자연스럽게 내 생활의 일부를 차지하게 되었고, 매달 책을 사는 새로운 즐거움도 얻게 되었다. 그러면서 '이 좋은 습관을 왜 40년이 넘도록 모르고 살아왔을까?'라는 생각이 들기도 했다. 그 생각은 곧 지금이라도 책 읽기 습관을 갖게 된 것에 대한 감사함으로 이어졌다.

나는 취미로 달리기를 한다. 처음 달리기를 시작한 이유는 체중 감량을 위해서였다. 나중에는 달리기 자체에서 오는 만족감

내지는 기록을 갱신했을 때의 성취감이 좋아 꾸준히 하게 되었다. 운동을 꾸준히 하니 당연히 건강해지고 있다고 생각했다. 운동을 하면 건강해진다는 것은 어떤 면에서는 맞는 말이지만 어떤 면에서는 맞지 않다. 운동을 하면 체중이 감량되고 근육도 일부 발달하지만 무조건 건강해진다고는 할 수 없다.

건강해 보이던 운동선수가 병에 걸려 하루아침에 생을 마감하기도 하는 것을 보면, 운동을 열심히 한다고 해서 무조건 건강한 것은 아니라는 사실을 알아야 한다. 나이가 들면 으레 무릎이 아프고 고혈압과 당뇨에 걸리는 것도 자연스러운 현상이라고 생각한다. 하지만 이는 사실이 아니다. 모든 병은 우리의 생활습관과 날마다 먹는 음식들이 쌓여서 나타나는 결과라는 것을 인지해야 한다.

달리기를 하는 주변의 사람들을 봐도 그렇다. 운동을 하고 나면 우리 몸은 소비한 에너지를 대체하기 위해 그렐린 호르몬을 분비해 식욕이 왕성해지도록 한다. 많은 사람들이 음식을 섭취할 때 별다른 주의를 기울이지 않는다. 인스턴트 음식을 자주 먹고 음주를 하기도 한다. 하지만 우리 몸은 그러한 것들을 원하지 않는다.

건강해지기 위해서는 반드시 균형 잡힌 영양을 섭취해야 한다. 인체가 필요로 하는, 즉 인체를 구성하는 세포가 건강해지기 위해서는 더욱 균형 잡힌 영양이 필요하다. '다이어트'의 사전적 의미도 원래는 체중 감량이 아니라 균형 잡힌 식습관이다. 따라서 이상적으로 건강해지기 위해서는 균형 잡힌 영양을 매일 공급함과 동시에 적절한 운동을 해야 한다. 이러한 것은 임시적이어서는 안 되고 꾸준하게 해 나가야 건강한 삶을 살아갈 수 있다.

스티븐 코비는 저서 《소중한 것을 먼저 하라》에서 이렇게 이야기한다.

"우리가 겪는 건강문제의 대부분이 생활습관과 관련되어 있다는 사실을 우리는 잘 알고 있다. 그러나 심장마비와 같은 극단적인 '각성의 계기'가 없는 한 우리 가운데 많은 사람은 의사가 해결해 줄 거라는 환상 속에서 살아간다. 우리는 우리가 원하는 대로 산다. 운동을 거의 안 하기도 하고 영양 섭취를 제대로 안 하기도 하며, 잡다한 일로 무리하면서 심신을 소모한다. 그러다가 문제가 생기면 의사가 문제를 수습해 줄 것이라고 기대한다. 처방과 반창고로 통증을 감소시킬 수야 있겠지만, 진정으로 건강을 개선하려면, 고통의 밑에 깔린 깊은 원인에 접근해 보아야 한다. 예방에 깊은 관심을 기울일 필요가 있는 것이다."

그렇다. 대부분의 사람들은 아프거나 병이 생기면 병원에 가서 의사의 치료와 처방을 받는다. 하지만 그것은 일시적인 것일 뿐, 근본적인 것을 해결할 수 없다. '치명적인 병에 걸리면 그날로 바로 생을 마감하면 그만'이라며, '그러니 마음껏 원하는 대로 먹으면서 살아야지'라고 생각하는 사람도 많다. 하지만 막상 병에 걸리면 스스로 생을 마감하는 사람은 드물다. 목숨을 끊는다는 것이 쉬운 일은 아니기 때문이다. 이후에는 치료를 동반한 비참한 삶이 기다리고 있다는 것을 사람들은 깊이 생각해 보지 않는다.

건강의 소중함과 가치는 어느 정도 알고 있지만, 실생활은 그와 반대로 하는 사람들이 대부분이다. 하루를 살더라도 건강하고 활기차게 살아가는 것이 중요하다. 그 하루들이 쌓여서 삶 전체를 건강하게 만든다는 것을 안다면 어느 누구도 함부로 나쁜 음식과 술을 먹어 대지는 않을 것이다.

누구나 건강하게 오래 살고 싶어 한다. 그러면서도 나쁜 생활습관을 쉽사리 고치지 못한다. 우리 주변에는 우리를 유혹하는 나쁜 먹거리들이 넘쳐 난다. 나는 웰니스 코치로서 사람들에게 올바른 식습관과 영양 정보를 알리고 생활습관을 고쳐 줄 것이다. 바른 먹거리 섭취와 적절한 운동을 권장해 사람들의 삶을 건강하고 올바른 방향으로 이끌어야 한다는 사명감을 느낀다.

내 이름으로 된 책을 쓰겠다는 소망과 사람들의 건강한 라이프스타일을 만들어 나가야겠다는 소명이 나도 모르게 내 안에 내재되어 있었다. 나의 이야기 그리고 객관적인 자료와 정보를 통해 사람들에게 건강을 알리고 그들을 도와주고 싶다. 더 많은 사람들에게 이를 효과적으로 알리기 위해서 책이라는 수단을 선택하게 되었다.

2017년에는 더 많은 사람들과 만나 경험을 쌓을 것이다. 이를 바탕으로 내년에는 건강에 대한 책을 내고 싶다. 다양한 사례를 들어 건강한 라이프스타일을 제안할 것이다. 알고 있으면서도 실천하지 못하던 것들에 대해 공감을 이끌어 낼 것이다. 나의 책을 읽고 많은 사람들이 공감해 실생활에 응용하고 실천한다면 내가 꿈꾸는 건강한 세상을 만들어 나갈 수 있지 않을까? 나는 이 지구에서 살아가는 모든 이들이 자신에게 주어진 한 번뿐인 인생을 건강한 시간들로 채워 나가기를 희망한다.

무대에서 행복과
희망을 전하기

얼마 전 TV 강연 프로그램 〈세상을 바꾸는 시간, 15분〉에 《스토리의 마법》의 저자 정선혜 작가가 나와 강연을 했다. 강연의 주제는 '끌리는 사람으로 만들어 주는 스토리의 힘'이었다. 작가는 평생직장, 평생직업이라는 개념이 없어지고 나 스스로가 1인 기업가가 되어야 하는 백세시대에는 우리가 브랜드가 되어야 한다고 이야기했다. 그러기 위해서 내가 가진 장점을 홍보하고 상대와의 관계에서 시너지 효과를 내는 것이 마케팅이라고 했다. 또한 특정 대상으로 마케팅하고, 자신의 이미지를 포지셔닝하고, 진정성 있는 이야기로 공감을 얻어 사람의 마음을 움직이게 하는 것이 스토리의 힘이라고 말했다. 그리고 무엇을 해야 할지를 보여 주라고 말하며 끝을 맺었다.

이 강연을 보면서 나도 무대에 서고 싶다고 생각했다. 수백 명, 아니 수천 명의 사람들을 대상으로 나의 메시지를 전하는 그림을 머릿속으로 그려 보았다.

나는 내성적인 편이어서 앞에 나서기를 좋아하지 않는다. 더군다나 무대에 올라야 할 때는 심장이 쿵쾅쿵쾅 뛰면서 긴장하게 된다. 숨을 깊이 들이쉬며 긴장을 완화해 보려고 하지만 심장은 금세 더 빨리 움직이기 시작한다.

무역회사 R&D 부서에서 일할 때였다. 한국의류산업협회에서 전시 및 세미나를 개최하는데 해외 바이어의 동향 및 트렌드에 대해 발표해 달라는 연락이 왔다. 발표는 R&D 부서를 맡고 있는 나의 일이 되었다. 포괄적인 주제라서 방향을 잡기가 어려웠지만 팀원들과 미팅하며 발표할 내용의 방향과 주제를 정했다. 그리고 대표적인 사례를 수집하고 정리한 뒤 우리가 트렌드에 맞춰 개발한 의류소재들에 대해 소개하는 식으로 방향을 잡았다.

한 달도 채 되지 않는 짧은 시간이 주어졌음에도 발표 내용과 자료 준비를 잘 마무리했다. 하지만 날짜가 다가올수록 점점 초초해지고 떨리는 마음을 주체할 수가 없었다. 회사를 다니면서 대내적으로는 가끔 발표할 기회가 있었지만 대외적으로는 처음이어서 더욱 긴장되었다. 그리고 회사를 대표해서 하는 발표이기에 잘 해내야 한다는 중압감도 있었다.

이윽고 발표일이 되어 의류 및 섬유에 관련된 각종 회사들과 단체들이 삼성동에 있는 섬유센터에 모였다. 나의 발표 시간은 오후 2시였다. 시간이 다가옴에 따라 긴장과 떨림은 극에 달했다. 먼저 발표한 사람들이 모두 다 잘하는 것 같아 보여서 내 모습이 작아지는 느낌도 들었다. 내 차례가 되어 연단에 올라서서 심호흡을 하고 준비한 프레젠테이션 자료를 발표하기 시작했다.

막상 발표를 시작하니 이내 떨림은 사라지고 나는 그 상황과 장소에 익숙해져 갔다. 내게 주어진 20분간의 짧은 시간이 어떻게 지나갔는지도 모르겠다. 조금 더 잘했다면 하는 아쉬움이 남긴 했지만, 그런대로 잘해냈다.

이러한 경험들이 쌓이고 쌓이면 무대에서의 강연이나 발표도 덜 긴장하고 능숙하게 할 수 있을 것이다. 좀 더 철저하게 준비하고 차분하게 마인드컨트롤을 한다면 멋진 강연도 할 수 있으리라 생각한다.

무대에서 발표했던 모습을 생각하면서 예전 일들이 머릿속에 떠오른다. 대학교 이전의 나는 사람들 앞에 나서기를 그리 꺼리지 않았다. 초등학교 시절에 국어시간이면 등장인물별로 역할을 맡아서 발표를 곧잘 하곤 했다. 그럴 때면 나는 항상 주도적으로 분량이 많은 인물을 자청해서 맡았다. 중학교 도덕시간에는 매 단원마다 조별로 차트를 만들어 발표하는 식으로 수업을 했었는데,

언제나 차트를 주도적으로 만들고, 앞에 나가 발표하는 것을 즐겼다. 고등학교 수학여행 때는 버스 안에서 미리 준비한 노래를 반주도 없이 마이크를 잡고 불렀을 정도였다.

이런 내가 언제부터 바뀌게 된 것일까? 나이를 먹어 가면서 나도 모르는 사이에 사람들 앞에 나가서 발표하는 것을 두려워하게 된 것은 아닐까? 어찌 되었든 나는 더 이상 자청해서 남들 앞에 나서지 않게 되었고, 어쩔 수 없는 상황이 아니라면 웬만하면 그런 자리를 피해 왔다.

무대에서 강연하는 모습을 그려 보는 지금, 그런 소심한 모습을 바꾸어 보기로 했다. 기회를 만들거나 기회가 생기면 잘하든 못하든 사람들 앞에서 이야기를 할 것이다. 처음부터 잘할 수는 없을 것이고, 말을 더듬거나 생각이 막혀 침묵의 시간을 만들기도 할 것이다. 하지만 누구라도 처음부터 무대에서 유창하게 다양한 이야기들을 하는 것은 아니다. 그들도 처음에는 마찬가지였을 것이라고 생각한다. 무엇이든지 시작이 중요하다. 묻지도 따지지도 말고 해 보라는 말이 있는 것처럼 나 역시 무조건 도전해 볼 것이다.

행복이란 무엇일까? 나는 평소에 행복, 사랑, 기쁨 등은 추상적인 개념으로만 알고 있었다. 보통 누구나 이런 추상적인 개념 속에서 살아간다. 삶을 살아가다 보면 그 추상적인 개념이 일상에서 실현되거나 진정으로 느껴지는 때가 있다. 나에게도 그런 경험이 있다.

나는 결혼하고 나서도 업무의 특성상 야근이 잦았다. 아내는 홀로 어린 아이들을 돌보며 늘 내가 돌아오기를 기다렸다. 그런 생활이 반복되던 어느 날, 그날도 나는 야근을 하고 느지막이 집으로 돌아왔다. 현관문을 열고 들어서니 막 걸음마를 시작한 둘째와 첫째가 같이 내게 달려오며 품에 안겼다. 나는 그 순간을 잊을 수가 없다. 행복하다고 느꼈기 때문이다. 그날 행복이 진정으로 내게 왔다. 추상적인 단어가 진정한 느낌으로 내게 전달된 순간이었다.

이런 모습은 누구에게나 있을 수 있다. 나 또한 그 어느 날만의 모습은 아니다. 하지만 그날은 내게 특별한 날이 되었다. 내가 한없이 행복해졌기 때문이다. 사람들에게는 모두 이런 기억이나 경험이 있을 것이다. 다만, 잊고 지낼 뿐이다.

사람들이 내가 겪었던 것처럼 행복이나 희망을 알고 삶을 살아갔으면 좋겠다. 많은 사람들이 행복과 희망을 생각할 여유 없이 잊고 살아간다. 나는 그런 사람들을 돕겠다는 소망을 갖게 되었다. 행복과 희망을 잃어버렸거나 잊어버리고 살고 있는 사람들이 웃으며 밝게 살도록 도와주고 싶다.

이제 그 일을 하는 첫걸음을 시작하려고 한다. 내가 살아온 이야기와 깨달음으로 공감대를 만들고, 미래를 행복하게 그리며, 새로이 시작하는 희망을 그들이 갖기를 원한다. 진정으로 행복한 세상을 위해 헌신하는 삶을 살며 무대에서 사람들에게 행복과 희망의 메시지를 전하는 나의 모습을 그려 본다.

잔뜩 기대를 갖고 나의 이야기를 기다리는 사람들이 있다. 나는 그들이 원하는 다양한 이야기를 유창하게 재미있게 전하고 있다. 그리고 강연이 끝나면 모두들 행복해하는 모습이다. 이런 모습을 영상처럼 그리면서 현실로 이뤄지기를 기대한다.

사람들의 삶을 도와주고 싶다는 소망을 늘 갖고 있었다. 사람들이 희망을 갖고 살아가기를 원하며 행복해지기를 바라 왔다. 그런 마음을 담아 행복과 희망을 전하는 삶을 만들어 가고 싶다.

마당이 있는 전원주택에서 가족과 행복한 삶 만끽하기

많은 사람들이 아파트나 다세대 주택 또는 연립주택에 주거하고 있다. 나 역시 중학교 시절부터 지금까지 줄곧 아파트에서 살고 있다. 군대에 다녀온 뒤 일반 주택에 세를 얻어 자취했던 기간을 빼면 거의 25년을 아파트에서 살아왔다.

현대인들은 아파트를 선호한다. 그 이유는 다양하다. 아파트 구조는 사람들의 동선을 참고로 조금 더 편하게 만들어진다. 그리고 실내에서 모든 것을 해결할 수 있다는 장점이 있다. 또한 거주하는 사람이 특별히 관리할 것이 없다. 노후화가 되더라도 고치거나 바꾸는 일은 직접 하지 않아도 되며, 아파트를 따로 관리해 주는 회사와 경비원이 있다. 택배가 와도 대신 수령해 준다.

이렇듯 아파트에 살면 다양한 장점들이 많다. 물론, 일부 몰지각한 사람들이 쓰레기를 창밖으로 버리거나 베란다 문을 열어 놓고 담배를 피워 다른 집에 피해를 주기도 한다.

나 또한 아파트에서 사는 것이 편리하다는 것에 동의한다. 하지만 나에게는 전원생활에 대한 꿈이 있다. 넓은 마당이 있고 주변의 자연경관이 뛰어난 한적한 시골에서 살아 보고 싶은 마음이 있다. 물론, 그런 주택 생활을 하게 되면 작은 부분도 직접 세세하게 신경 쓰고 관리해야 한다. 그런 부분이 불편할지 몰라도, 공기 좋고 아름다운 풍광과 함께하는 삶을 그려 왔다.

얼마 전부터 딸아이가 애완동물을 키우고 싶다는 말을 자주 한다. 나는 아파트에서 동물을 기르고 싶은 생각이 없다. 딸아이가 갖고 싶다고 했으나 그렇게 해 주지 않았다. 물론 아내의 동의가 필요하겠지만, 나는 고양이나 강아지 같은 애완동물은 마당이 있는 집에 살게 될 때 키우고 싶기 때문이다. 넓거나 크지 않아도 괜찮다. 공기 좋은 곳에 우리 가족만의 마당이 있는 공간이면 충분할 것이라고 생각한다.

초등학교에 다닐 때였다. 아버지는 야근과 잔업으로 바쁜 회사 현장직을 맡고 계셨고, 어머니는 살림에 보탬이 되고자 슈퍼마켓을 운영하며 힘들게 살았다. 그 시절 누나들과 나는 방학만 되면 할아버지와 할머니가 계시는 안동에서 지냈다. 짧은 방학 동안 많은 경험을 했고, 새로운 친구들을 사귀었다.

마루에서 할머니와 호박볶음을 맛나게 비벼서 식사했던 기억이 난다. 바로 앞은 뻥 뚫린 마당이었고 그 왼쪽에는 커다란 밤나무가 서 있었다. 해마다 추석 때 성묘를 가면 모두들 이곳에 모여서 밤을 땄다. 방 뒤쪽 문을 열면, 손만 뻗으면 닿는 거리에 잘 익은 포도송이들이 주렁주렁 달려 있었다. 언제나 먹고 싶을 때 따먹으면 되었다. 사랑방 뒤쪽으로 가면 시원한 지하수를 퍼 마실 수 있는 우물이 있었다. 창고에서는 가끔 작고 예쁜 새끼 쥐를 보기도 했다. 쥐는 징그럽고 더럽다고만 생각했는데, 여러 마리의 새끼 쥐가 작은 공간에 옹기종기 붙어 있는 모습은 귀엽고 예뻤다.

시골 친구들은 방학 때만 만날 수 있으니 서로를 기다리는 애틋한 사이였다. 여름이면 농수를 대기 위해 낙동강에서 물을 끌어오는 수로에서 놀았다. 더위를 식히고, 재미나게 물놀이하기에 아주 좋은 장소였다. 폭 1m에 수심도 1m 조금 넘는 깊이였기에 초등학생이던 우리가 물놀이하기에는 안성맞춤이었다.

친구 집의 감나무에서 익지 않은 감을 따서 항아리에 어느 정도 넣어 두고 삭혀서 먹으면 정말 맛있었다. 아직도 그 맛을 잊을 수 없다. 지금도 그런 삭힌 감을 구하거나 만들 수 있으면 좋겠다.

겨울에도 눈이 거의 내리지 않는 울산에서 자란 나는 할머니

댁에 가면 눈이 내린 하얀 세상을 볼 수 있어서 좋았다. 간밤에 많은 눈이 내리면 삼촌은 아침 일찍 일어나 마당에 쌓인 눈을 치우곤 했다. 하얀 세상은 어린 나에게 그저 신기했다. 쌓인 눈들을 발로 밟을 때 나는 '사각사각' 소리도 신기했다. 발끝으로 전해져 오는, 말로는 표현 못할, 발을 간질이는 듯한 느낌도 좋았다. 친구들과 난생처음으로 눈사람을 만들어 보기도 했고, 편을 갈라 눈싸움도 했다.

할머니가 작게 가꾸는 텃밭 너머로 어린아이의 눈에는 꽤 커 보이는 호수가 있었다. 아니, 연못이라고 해야 할 것 같다. 내가 살던 울산에서는 겨울에도 연못이 어는 것을 보기 힘들었는데, 시골 연못은 겨울이면 항상 얼어 있었다. 운동화를 신은 채로 달려서 스케이트를 타는 것처럼 놀기도 했다.

신기했던 것은 아이들이 모두 썰매를 직접 만들어서 각자 자신만의 썰매를 갖고 있다는 것이었다. 나도 아이들을 따라서 직접 썰매를 만들었다. 나무판에 좌우로 다리를 만들고, 얼음판과 닿는 다리 밑에 철사를 앞에서 뒤로 고정시키면 썰매가 완성된다. 철사는 되도록 굵을수록 그리고 일직선으로 만들어야 잘 나가고 빠르게 달릴 수 있었다.

꼬챙이는 굵은 못을 동그란 나무에 박아 넣어서 만들었다. 썰매를 탈 때 잘 지쳐지고 잘 나갈 수 있게 해 주는 도구였다. 우리는 연못을 누가 먼저 돌아오는지 시합을 하기도 하고, 편을 갈라서 잡기 놀이를 하면서 추운 겨울날들을 재미나게 보냈다.

시골에서 집으로 돌아올 때는 기차를 이용하곤 했다. 부모님과 같이 탈 때도 있었지만, 우리 남매끼리 탔을 때가 더 기억에 남는다. 아마도 부모님 없이 우리끼리 탄다는 생각에 더 기대되고 약간의 흥분이나 모험 같은 기분이 들었던 듯하다. 기차에서 삶은 달걀과 오렌지 색깔의 망에 들어 있던 귤을 사 먹었던 기억이 강하게 자리 잡고 있다.

어린 시절의 이런 기억들을 우리 아이들에게는 만들어 주지 못하고 있다. 내가 아이들에게 무엇을 경험하게 해 주고, 아이들은 어떤 기억과 추억을 만들며 커 가고 있는지 모르겠다. 한때는 매주 캠핑을 다니면서 자연 속에서 생활하는 경험을 하게 해 주었다. 다양한 박물관에 다니면서 역사를 알게 해 주거나, 우리가 잊지 말아야 할 것들에 대해서 알려 주었다. 우리 아이들의 추억에는 어떤 것들이 기록되고 있을까?

우리는 아파트와 같이 정형화된 구조의 집에서 살아가고 있다. 스스로 알아보고 찾아가지 않는 한 한적한 시골 전원생활에서 쌓을 수 있는 다양하고도 새로운 추억거리를 만들기가 어렵다. 하루가 다르게 커 가는 아이들이기에 지금 당장 푸른 잔디가 깔린, 마당이 있는 좋은 경관의 집에서 살기는 어렵다. 내가 그 꿈을 이루기 전에 아이들은 성인이 되어 버릴 수도 있다.

하지만 나는 그것을 꿈꾸며 머릿속에 그림을 그려 본다. 그리고 그날이 오도록 할 것이다. 내가 어릴 적 시골에서 보내며 쌓은 추억처럼 우리 아이들이 자연을 친구로 삼아 자신들만의 추억을 만들게 하고 싶다. 그 이야기 속에는 나와 아내도 함께할 것이다.

삶은 길지도 짧지도 않다. 지금 이 순간도 금세 과거가 되어 버린다. 이미 과거로 기록되면 머릿속에 떠올릴 수는 있으나, 어떠한 것도 바꿀 수는 없다. 현재를 충실히 살아야 하는 이유다. 하고자 하는, 살고자 하는 삶을 꿈꾸고 그 꿈을 이뤄 나가야 한다.

나는 밝게 웃고 있는 아내의 얼굴을 잘 기억하고 있다. 아이들의 어릴 적 천진난만했던, 웃음 띤 모습 또한 생생하다. 그런 아내와 아이들을 바라보는 나도 흐뭇하게 웃고 있다. 이 모습을 그대로 마당 딸린 전원주택으로 옮겨 본다. 그리고 추억을 만들어 간다. 곧 다가올 우리 가족의 모습이다.

피지 섬에서
여유로운 시간 보내기

여행은 누구나 좋아하고 가고 싶어 한다. 하지만 대부분 이런저런 이유로 마음 편하게 여행을 떠나지 못한다. 나 역시 아직 우리나라에도 한 번도 가보지 못한 곳들이 많다. 계획해서 한 달에 한 번쯤은 여행을 가려고 했지만 실행에 옮긴 적은 거의 없었다.

언젠가 일가친척들과 함께 온천에 갔었던 일과 아버지의 회사 동료 가족들과 승합차를 타고 여행했던 기억이 난다. 그 당시 차 안에서 먹었던 치킨의 맛은 지금도 잊을 수가 없다. 양념치킨이 없었던 시절로 후라이드 치킨이었는데 맛이 참 독특했다. 그래서 그때의 추억들이 새록새록 떠오른다.

학창시절에는 수학여행 말고는 따로 여행을 했던 기억이 없다.

대학시절 친구와 아무런 계획 없이 기차역으로 가서 표를 구할 수 있는 곳을 정해 무작정 떠났던 여행, 군대 동기들과 제대기념으로 설악산과 서울 등지를 며칠간 다녀왔던 기억이 난다. 대학시절 동기들과 설악산과 제주도를 단체로 다녀오기도 했다. 주로 단체로 다녔던 기억들이 많다.

그 이유는 혼자서 무엇을 하는 것을 좋아하지 않는 내 성향 때문이기도 하다. 그렇다고 마음이 맞는 사람들과 계획을 세워서 여행을 다녀온 적도 드물다.

다양한 종류의 여행이 있다. 놀이동산에 갈 수도 있고, 시내 투어를 할 수도 있고, 역사탐방 여행도 있다. 그리고 캠핑이나 해수욕을 가기도 한다. 요즘에는 명절 연휴나 주말을 이용해서 많은 사람들이 해외로 나간다. 해외여행에도 또한 여러 가지 테마가 있다. 뛰어난 자연경관을 찾아가거나 역사책에서만 봐 왔던 유명한 유적지에 다녀오기도 한다. 휴양지에서 휴식을 취하기도 한다.

해외여행이라고는 한 번도 한 적이 없었던 내게는 결혼하고 떠난 신혼여행이 첫 해외여행이었다. 그 당시 어디를 갈지 고민하면서 많은 사람들이 가는 태국의 푸켓이나 인도네시아의 발리가 아닌 다른 곳을 찾아보았다. 그때 한 친구가 극찬을 하면서 몰디브에 대해 세세하게 알려 주었던 기억이 난다. 하지만 난 새로운 곳으로 가고 싶었다. 그렇게 알아봤던 곳이 라야바디 리조트였다.

2002년 11월 3일 울산에서 예식을 치르고 아내는 미용실에 들러 머리를 감았다. 결혼식을 치르기 위해 머리를 할 때 그렇게 많은 핀으로 머리를 정리하고 스프레이 등으로 고체 덩어리처럼 만드는지는 몰랐다. 오전에 예식을 하고 잠시 휴식을 취한 후, 친구의 차를 타고 부산에 가서 방콕행 비행기에 올랐다. 자정쯤 도착해서 하룻밤을 묵을 방콕의 호텔에서 짧은 휴식을 취했다.

라야바디로 가기 위해선 다음 날 아침 일찍 일어나야 했다. 비행기로 한 시간가량 걸려서 크라비에 도착했다. 비행기에서 내려 라야바디 리조트로 데려다주기 위해 준비되어 있던 보트를 타고 30분간 바닷바람을 가르며 달려서 리조트에 도착했다. 리조트 입구에서 환영 리셉션을 받고 객실로 안내되었다. 2층으로 된 작고 아담한 건물이었다. 1층에는 휴식공간이 있고 2층에는 샤워실과 침실이 있는, 스머프들이 사는 집과 같은 삼각형 모양의 지붕을 하고 있었다.

첫날은 자유일정으로 아내와 리조트를 한 바퀴 돌았다. 풀장에 들어가기도 하고 바닷가 쪽의 모래사장을 한참 걸으며 시간을 보냈다. 산책길에 야생 원숭이들이 따라오기도 했다. 신기했다.

다음 날은 배를 타고 나가서 하루 종일 보내는 일정이었다. 같은 일정으로 온 여러 커플들과 함께였다. 아직 한국에 잘 알려지지 않은 곳이어서 여행자들은 대부분 외국인들이었다. 유독 한 커플만 한국 사람이었다. 그래서 더욱 반가웠다.

선상에서의 점심은 뷔페였는데 각종 해산물이 많았다. 그중 커다란 새우와 바닷가재를 마음껏 먹을 수 있어서 좋았다. 한국에선 볼 수 없는 크기에 맛도 매우 좋았다. 지금도 그 맛을 잊을 수가 없다.

식사 후 어느 작은 섬에 내리자 자유시간이 주어졌는데, 바닷물이 빠지면 섬이 되고 물이 차면 사라지는 섬이었다. 구명조끼를 입고 처음으로 스노클링도 체험했다. 가만히 있어도 가라앉지 않는다는 설명을 들었음에도 구명조끼에 의존해 깊은 바다에 있다고 생각하니 가만히 있을 수 없었다. 처음에는 불안했지만 차츰 안정을 되찾아 바다에 떠 있게 되었다. 안절부절못하고 소리치는 아내의 손을 꽉 잡고 짧은 스노클링을 경험했다. 바닷물 속으로 들어가 보기도 해야 했으나 우리는 그저 물 위에만 떠 있었다. 그리고 돌아와 그곳에서의 마지막 밤을 행복하게 보냈다.

라야바디에서의 2박 3일은 내 인생에서 색다른 경험이었다. 휴양과 휴식을 진정으로 취할 수 있는 곳이었다. 다만 너무나 짧은 일정에 진한 아쉬움이 남았다. 처음으로 경험해 본 휴양지에서의 며칠간이 너무 좋았기에 지금도 나는 이동하면서 여행하는 것보다 자유로움을 만끽하며 휴식을 취할 수 있는 휴양지를 더 선호한다.

베트남 공장으로 발령받아 근무할 때였다. 12월이 더운 나라인 베트남으로 가게 되어 한국에서의 겨울을 건너뛰는 것은 좋았다. 하지만 매일 한국의 무더운 여름과 같은 기온에 적응해야 했다. 처음에는 비 오듯 떨어지는 땀을 주체할 수 없을 정도였다. 두 달여가 지나면서 몸도 적응이 되어 갔다.

그곳에서 5개월 정도를 보내고 있을 즈음 같이 일하는 동기가 휴가를 내고 가족들을 불러서 여행을 해 보라고 말했다. 그리고 10년이 넘게 그곳에서 일해 온 그가 알고 있는 여행지를 추천해 주었다. 그곳은 나짱의 빈펄 리조트였다. 동기의 말대로 한국의 가족들을 내가 있는 곳으로 초대했다.

밤늦게 도착한 아내와 아이들과 함께 공장의 숙소에서 지낸 후 다음 날 공장을 한 바퀴 돌며 구경시켜 주었다. 그리고 호치민 시내로 나갔다. 호치민 시내의 백화점과 노트르담 성당 등을 구경한 후, 배를 타고 사이공 강 투어를 하면서 식사를 하고 공연을 관람했다.

본격적인 나짱에서의 일정은 다음 날부터였다. 호치민에서 비행기로 나짱으로 이동하고, 예약해 두었던 콜택시를 타고 빈펄 리조트로 향했다. 빈펄 리조트는 섬에 위치해 있었는데 섬까지 케이블카가 설치되어 있었다. 우리는 케이블카를 타고 빈펄 리조트로 들어갔다. 연휴나 휴가기간도 아닌 평일이어서 리조트는 한적해 마음껏 여행을 즐길 수 있었다.

빈펄 리조트에는 유수풀을 갖춘 물놀이 시설과 굉장히 큰 오락실, 작은 놀이기구들이 갖춰져 있었다. 그리고 이 모든 것들을 추가 비용 없이 즐길 수 있었다. 한국의 캐리비언베이 같은 물놀이 시설에서는 적게는 30분에서 1시간은 줄을 서서 기다려야 했지만 여기서는 지루하게 기다릴 필요가 없었다. 파도타기와 유수풀, 무료인 다양한 오락게임과 회전그네 등과 같은 놀이기구를 마음껏 즐길 수 있었다.

이곳에는 러시아 사람들이 휴양하러 많이들 온다고 한다. 사실 케이블카에서 내리면서 다른 세상의 문을 열고 들어가는 것처럼 느꼈다. 희한하게도 베트남 사람들은 거의 없고, 대부분이 외국인이어서 이국적인 분위기였기 때문이다.

아이들과 풀장에 갔는데 그곳에 러시아인 두 가족이 있었다. 말은 통하지 않았지만 편을 갈라서 수구를 했다. 그들은 수영도 잘하고 수구도 많이 해 본 듯했다. 아들과 나는 처음으로 물속에서 하는 경기여서 힘들었지만 재미나게 그들과 시간을 보냈다. 아이들과 함께 다양한 놀이 시설을 즐기며 행복한 시간을 보냈다. 아내와 아이들은 곧 한국으로 돌아가야 했는데 2박 3일의 짧은 일정에 아쉬움이 컸던 기억이 있다. 나만 베트남에 남고 아내와 아이들만 한국으로 돌아가는 뒷모습을 바라보는 공항에서의 이별의 고통은 컸다.

나는 앞으로 여유로운 일정으로 일상에서 벗어나 휴양지에서 행복한 시간을 보내고 싶다. 영화 〈트루먼 쇼〉에서 주인공 트루먼은 첫사랑이 떠나간, 사람들 손길이 닿지 않은 섬들도 있는 피지 섬으로 가고자 한다. 영화를 본 후로 막연하게 피지 섬에 갔으면 좋겠다는 생각을 하며 살아왔다. 아이들이 성인이 되기 전에 피지 섬에 꼭 한 번 가고 싶다. 일상을 벗어나 새로운 세계에 가서 맑고 드넓은 바다를 뛰어다니며 휴식을 취하고 흔적을 남기고 싶다. 그리고 해변에 누워 강렬한 태양을 온몸으로 느끼며 모래사장에서 아이들과 추억을 만들고 싶다. 제주도의 10배 규모인 피지 섬의 구석구석을 눈에 담고 그 느낌을 가슴에 담아 오고 싶다.

가까운 미래에 사랑하는 가족들과 보낼 피지 섬에서의 행복한 시간을 꿈꾸면서 현재의 삶을 충실하게 살아갈 것이다.

Chapter 9

대한민국 최고의 동기부여 강연가 되기

———————— 이송이

이송이 ─────────────────

공무원, 동기부여가, 꿈 멘토, 자기계발 작가

10년 차 공무원으로 7세, 5세, 4세 3명의 아이들을 키우고 있는 워킹맘이다. 꿈으로 인생을 디자인하고 가슴 뛰는 삶을 살아가도록 도움을 주는 동기부여가를 꿈꾼다. 안정적인 공무원의 삶에 머물지 않고 누군가의 꿈 롤모델이 자 꿈 멘토가 되고자 꿈과 관련된 개인저서를 집필 중이다.

E-mail 2pooya3@naver.com

01

사랑받는 베스트셀러 작가로 인생 2막 살아가기

나의 고향은 전라남도 담양의 시골 동네다. 나는 두 반밖에 없는 시골 초등학교에서 온갖 백일장에 다 나가는 이른바 문학소녀였다. 백일장에 자주 나가 상도 타고 하니 스스로 글쓰기에 소질이 있다고 생각했다. 그래서 초등학교 때는 막연히 작가를 꿈꾸었다. 그런데 중·고등학교를 가면서 내가 우물 안 개구리였다는 생각이 들었다. 그 뒤로 현실적인 진로를 찾아 가면서 자연스럽게 작가의 꿈은 사그라들기 시작했다.

나는 초등학교 때부터 거의 매일 일기를 쓰고 있다. 남편과의 감정싸움으로 힘들 때도, 시어머니와의 마찰로 눈물이 하염없이 흐를 때도, 아이들 키우며 함께 성장통을 겪을 때도 나의 마음을 어루만져 주는 것은 언제나 일기다. 형통한 날에는 감사함을 일기장에 표현하고, 곤고한 날에는 이 또한 지나가리라 하면서 마음을 일기장에 담아 달래곤 한다.

나는 시간이 날 때마다 클래식 음악을 들으며 책을 읽는 것을 좋아한다. 점심시간이면 서둘러 점심을 먹고 한적한 곳에서 커피 한 잔 마시며 책 속을 거닌다. 지적 자극을 즐기고 마음에 에너지를 충전해 주는 귀중한 시간을 누린다.

하지만 이 모든 것들은 내 삶에 작은 위안이 되는 취미활동에 불과했다. 더 큰 생각을 하지 못하고 남들처럼 하루하루 직장에 다닐 뿐이었다. 다만 자투리 시간을 의미 없이 보내지 않고 책을 통해 많은 생각을 하고 더 많은 것들을 보았다. 그러면서 인생이 풍요로워지고 있다고 자부했다. 나는 남들과는 다른 행복한 삶을 살고 있다고 스스로를 다독였다. 하지만 마음속에서는 무엇인가를 갈망하면서 더 잘하는 일, 좋아하는 일을 하고 싶다는 생각이 꿈틀거렸다.

어느 날, 내가 매일 들러 강의를 듣는 경기도 인재개발원 사이트에서 교육수기를 공모하고 있는 것을 보게 되었다. 내용을 자세히 읽어 보니, 교육수기 공모에 참여한 사람은 4시간 동안 책 쓰기 특강을 들을 수 있다고 했다. 그 대목에서 나의 심장이 고동치기 시작했다. 전에는 교육을 받으러 가고 싶어도 나의 업무를 누군가 대신 해야 하기 때문에 눈치가 보여서 참석하기가 쉽지 않았다. 교육수기 공모에 참여하면 눈치 안 보고 당당하게 교육을 들으러 갈 수 있겠구나 하는 생각이 들면서 미소가 지어졌다.

나는 오로지 교육을 듣기 위해 아이들을 재우고 새벽까지 수기를 작성했다. 정말 오랜만에 글쓰기에 몰입하다 새벽을 맞으니 잠을 자지 못했는데도 전혀 피곤하지 않았다. 결과는 200여 명 중 1등이었다. 초등학생 때 백일장 대회에 나가 상을 탔을 때 느꼈던 기쁨을 어른이 되어 다시 한 번 느끼게 된 소중한 경험이었다.

하지만 내 인생의 터닝 포인트는 이 수상의 기쁨이 아니었다. 처음부터 내가 그토록 끌렸었던, 나와 주파수가 딱 맞는 강연이라 여겼던 그 책 쓰기 강연이 나의 인생을 송두리째 바꿔 놓을 줄은 몰랐다.

"책은 배워서 쓸 수 있다."

"성공한 사람이 책을 쓰는 것이 아니라 책을 써서 성공하는 것이다."

"평범할수록 책을 써라."

"언제까지 남의 책만 읽으며 남 좋은 일만 시킬 것인가, 자기계발의 끝은 책 쓰기다."

"세상은 당신의 스토리를 기다리고 있다."

강연가는 《한 권으로 끝내는 책쓰기 특강》의 저자 임원화 작가였다. 그녀는 불과 5년 전까지 평범한 대학병원 간호사였다고 한다. 지금은 베스트셀러 작가가 되어 내 눈앞에서 강연하고 있는 그녀의 삶 자체가 나에겐 동기부여가 되었다. 지금까지 전혀 몰랐던 세계였다. 강의가 이어지는 4시간 내내 심장이 터지는 줄 알았다. 옆 사람이 나의 심장 소리를 들을까 봐 염려될 정도였다.

세상의 기준에 맞춰 하루하루 살아가다 보니 초등학생 때 품었던 작가라는 꿈을 어느새 잊고 있었다. 독서를 하거나 일기를 쓰면서 마음을 달랠 뿐이었다. 그런 나에게 책 쓰기 강연은 꿈틀거리던 꿈을 다시 밖으로 끄집어내는 계기가 되었다. 나는 강의를 들으면서 심장이 터질 듯한 감정을 느꼈다. 이렇게 가슴 뛰는 삶을 살 수도 있는데 지금까지 미지근한 삶을 살고 있었다는 생각이 들었다.

강의를 듣는 내내 책을 쓰는 세계에 대한 새로운 관점이 나의 마음을 채워 나갔다. 나는 내 속에 있는 '나'와 치열하게 살아온 나의 이야기를 책에 담고 싶다고 생각했다. 앞으로 채워 나갈 나의 인생을 나의 책에 마음껏 표현하고 힘들었던 시간들은 다독이기도 하면서 많은 사람들과 소통하고 싶다는 생각이 마음속에서 치솟았다.

책을 읽는 것은 사람을 만나는 것이다. 내가 쓴 책이 날개를 달고 어디든 날아가 상처받은 마음에 연고를 발라 준다. 또한 꿈을 잃은 자들의 꿈을 구출해 주고 때론 옆집 언니나 이모가 되어 삶을 다독여 준다. 그런 생각을 하면 얼굴에 미소가 번지고 가슴이 설렌다.

꿈이 되살아난 순간 나는 무언가에 이끌리듯이 바로 실행에 옮겼다. 지금 행동하지 않으면 나의 불타오르는 열정이 그리고 이제 겨우 세상 밖으로 탈출한 나의 꿈이 다시 사그라지기라도 할까 봐 겁이 났다. 나는 지금 가슴이 시키는 대로 한 걸음 한 걸음 작가가 되는 확실하고도 명확한 길을 걷고 있다.

일상에만 파묻혀 살 때보다 작가를 꿈꾸는 지금, 나는 훨씬 치열한 삶을 살고 있다. 시간 확보를 위해 시간을 더욱더 잘게 쪼개고 완벽하게 통제하는 것은 물론, 잠자는 시간도 줄여 가며 많은 일들을 해내고 있다. 다른 사람들이 단잠에 빠져 있는 새벽시간에 알차게 보낼 하루를 계획하고 꿈을 생생하게 상상한다. 그런데도 피곤하기는커녕 더욱 활력이 넘치고 행복한 삶을 살고 있다. 나는 오늘도 나의 꿈이 실현되리라 확신한다.

지금까지의 여정은 나의 노력에서 비롯된 것이 아니라 그냥 끌림에 의한 것이었다. 자연스럽게 마음이 시키는 대로 하니 선택의 기로에 섰을 때 고민하지 않았다. 오로지 작가가 되겠다는 꿈만 생각했다. 그러자 그다음부터는 꿈이 나를 이끌어 주기 시작했다.

"아빠, 나 초등학교 때 글짓기 잘해서 대회에서 상 타 오면 아빠가 엄청 좋아하셨는데… 생각나? 나 내가 좋아하는 거 한번 해 보려고. 물론 직장 다니면서 할 거니까 걱정 마. 추석에 내려올 때는 내가 쓴 책 들고 올게."

이번 설에 고향에 내려가서 친정아버지께 드린 말씀이다. 아빠는 환하게 웃으시며 나의 꿈을 응원해 주셨다.

나는 매일 조금씩 더 나아지고 있고 내가 생각하는 것보다 더 잘할 수 있다고 믿는다. 나는 지금까지 세상에서 저평가되어 온, '평범'이라는 울타리에 갇혀 빛을 보지 못했던 우량주임에 틀림없기 때문이다. 거대한 참나무가 도토리 안에서 잠자고 있듯이 베스트셀러 작가가 되어 눈부신 삶을 살아갈 나의 미래가 지금 내 안에 살아 숨 쉬고 있다.

02

대한민국 최고의
동기부여 강연가 되기

　　　　　　　　　　나는 초등학교 때 앞에 나가서 웅
변하는 것을 좋아했다. 줄곧 반장을 하면서 선생님이 안 계실 때
면 교단에 서서 정보를 전달하고 학급회의를 진행하기도 했다. 아
마도 어려서부터 발표하는 것을 좋아했었던 것 같다. 평범한 직장
인으로 살아가면서 무대에 올라 강연을 할 기회는 없었다. 하지만
외향적이고 사람을 좋아하는 나의 성향은 멋진 강연가가 되어 많
은 사람들과 소통하고 싶다는 소망을 품게 했다.

　　다양한 종류의 강연을 듣는 것은 내 삶의 일부다. 강의를 들으
며 지적 자극을 느끼는 것을 아주 중요한 삶의 가치로 놓고 살아
간다. 나의 휴대전화에는 강의 어플들이 빼곡히 들어 있다. 강의
를 듣는 것은 세 아이 육아와 직장생활 사이에서 나 스스로 마음

의 중심을 잡기 위해 나에게 주는 선물 중 하나다. 아침에 씻으면서, 화장을 하면서, 설거지하면서 내 삶의 자투리 시간을 가치 있는 강의로 채운다. 강의를 듣다가 마음에 와 닿거나 꼭 알아 두고 싶은 부분들이 나오면 바로 메모해 놓는다. 그리고 나중에 시간을 내어 나만의 노트에 정리하면서 내 마음속에 다시 한 번 새긴다.

강연을 듣는 것도 책을 읽는 것과 비슷한 효과가 있다. 강연가의 삶을 들여다보면서 인생선배들의 삶을 배우고 나 자신의 삶을 되돌아본다.

강연을 많이 듣다 보면 세상을 보는 다양한 관점을 갖게 된다. 사람들은 누구나 다양한 경험을 하기를 원한다. 하지만 다양한 경험을 하려면 많은 시간과 에너지를 투입해야 한다. 강연을 들으면 물리적 한계를 넘어 다양한 경험을 할 수 있다. 책보다 깊을 수는 없지만 강연을 통해서도 강연가의 생각과 영혼을 느낄 수 있다.

이런 이유로 나는 책을 읽을 수 없는 시간에는 꼭 강연을 듣는다. 특히, 한시라도 마음을 놓으면 눈덩이처럼 불어나는 집안일로부터 자유로울 수 없는 나에게 강의는 매력적인 자기계발 도구다.

성공한 사람들의 스토리를 듣다 보면 나도 모르게 의식이 바뀌어 어느새 그들을 닮아 가게 된다. 힘든 삶 가운데서도 포기하지 않고 도전하고 또 도전하는 간접경험을 통해 나도 할 수 있다는 자신감이 솟구친다.

많은 강연들 중에서도 나는 〈세상을 바꾸는 시간, 15분〉을 좋아한다. 바쁜 일상 중 자투리 시간을 이용해 강의를 듣는 내게 15분 강의는 안성맞춤이다. 〈세바시〉에 올라와 있는 거의 모든 강연을 들었고 그중에서도 나의 가슴을 뛰게 하는 강연가는 단연코 김미경 원장이다.

"죽어 가는 꿈을 구출하라."
"꿈은 찾거나 고르는 것이 아니라 내 힘으로, 내 안에 있는 재료를 조합해 만드는 최고의 발명품이다."

롤러코스터를 타듯 공감과 감동, 반성과 다짐 그리고 직설적 독설이 섞인 그녀의 강연에서 나는 유쾌, 통쾌, 상쾌함을 느낀다. 때론 엄마처럼, 때론 옆집 이모처럼 다가와 나의 마음을 다독여 주는 그녀의 말투, 표정, 행동 등 모든 것들이 나의 마음을 사로잡았다. 무대를 휩쓸고 청중을 매료시키는 김미경 원장의 모습에 나의 모습을 투영시켰다. 그리고 언젠가 강연을 하게 되면 그녀처럼 청중과 함께 울고 웃을 수 있는, 가슴 뜨거워지는 열정적인 강연을 하리라는 막연한 생각을 품고 살았다.

직장에서도 교육이나 강의를 들을 기회가 있으면 업무에 지장을 주지 않는 범위 내에서 다 들으려고 애쓴다. 바쁜 삶에 치여 일상에 익숙해진 나머지 아무런 동기부여나 자극 없이 살다 보면 결국 우물 안 개구리가 되고 만다. 기회는 준비된 자만이 잡을 수 있다.

하루하루를 알차게 채워 나가자 매력적인 기회가 나에게 찾아왔다. 어느 날, 교육의 기회가 내 앞에 나타나자 나는 지체 없이 그 기회를 낚아챘다. 경기도인재개발원에서 들었던 '책 쓰기 특강'은 막연했던 나의 꿈에 대해 명쾌한 답변을 해 주었다.

나는 특강을 통해 명확하고 구체적인 삶의 방향을 설정했다. 일단 책을 쓰면 된다. 책을 써서 세상에 나를 알리고 나의 스토리로 청중들과 소통하면 된다. 나는 그 강의를 듣기 전까지 반대로 생각했다. '유명한 강연가가 되어 세상에 알려지고 나면 책 한 권 쓸 수 있겠지?' 하지만 그게 아니었다. 성공한 다음 책을 쓰는 것이 아니라 책을 쓰고 나면 꿈은 물 흐르듯 자연스럽게 이루어진다.

불과 5년 전까지만 해도 평범한 직장인이었던 임원화 작가가 책을 쓴 후 지금 공무원교육기관에 와 있는 내 눈앞에서 강연을 펼치고 있다. 무대 위에서 강연하는 그녀의 모습 위에 나의 모습이 자꾸 겹쳐져 보이면서 마구 가슴이 뛰기 시작했다. 평범한 나도 강연가가 될 수 있다는 자신감이 솟구치기 시작했다.

강연을 듣고 난 뒤 나는 가슴이 시키는 대로 살고 있다. 꿈을 이루기 위해 명확하고 구체적인 목표를 세우고 치열하게 노력하며 한 걸음 한 걸음 나아가고 있다. 가슴을 뛰게 하는 명확한 목표가 눈앞에 생생하게 그려지자 매 순간을 열정으로 채우며 살게 되었다.

올여름 매미 울음소리가 귓가를 따갑게 할 때쯤 나의 책이 세상에 나온다. 책이 나오면 제일 먼저 서고 싶은 무대는 바로 나의 꿈을 일깨워 준 인재개발원이다. 세상 그 어떤 자기소개서보다 더 확실하고 매력적인 나의 책을 들고 인재개발원에 갈 것이다. 지난해 책 쓰기 특강을 듣고 실제로 책을 쓰게 되었다는 것을 알게 되면 관계자들도 깜짝 놀랄 것이다. 이렇게 깜짝 놀랄 만한 생생한 스토리로 많은 이들의 죽어 가는 꿈을 구출해 주고 싶다.

불과 6개월 전 인재개발원 대강당의 수많은 청중 속에 앉아 강연을 들으면서 죽어 가던 나의 꿈이 꿈틀거림을 느꼈다. 나는 그 움직임을 가만두지 않았다. 마음이 일깨워 준 꿈을 향해 바로 행동했다. 직업이 주는 안정이라는 울타리를 뛰어넘기로 했다. 강연을 들으면서 나 자신을 있는 그대로 받아들이고 꿈을 이룰 수 있겠다는 가능성을 발견했기 때문이다.

나는 가슴 두근거리며 조심스럽게 꿈을 끄집어냈던 바로 그 강연장에 새로운 모습으로 서게 될 것이다. 독자에서 저자가 되어 강연을 듣는 입장이 아닌 강연을 하는 사람으로 신분상승이 된 나의 존재 자체가 많은 이들의 가슴을 뛰게 할 것이다. 얼마 전까지 평범한 직장인이었던 내가 내 스토리를 담은 책을 쓰고 꿈길을 걷는 모습은 많은 이들에게 동기부여가 될 것이다.

나는 삶에 지쳐 꿈조차 꾸지 못하는 이들에게 꿈꾸는 인생이 행복하다고 알려 주고 싶다. 많은 이들이 나처럼 꿈꾸는 삶으로 나아가기를 원한다. 나만의 스토리가 담긴 책을 펴내고 강연가가 된, 꿈을 이룬 나의 모습은 많은 사람들에게 하나의 '꿈'이 될 것이다.

나의 책은 날개를 달고 내가 가지 못하는 곳을 날아다니며 나를 홍보하게 된다. 치열한 노력으로 끝내 꿈을 이룬 공무원 롤모델을 넘어 대한민국 여러 기관 및 단체에서 나의 지식과 경험을 나누고 싶어 한다. 내가 좋아하는 일을 하며 더 풍성하고 행복한 삶을 누리게 된다. 열정적이고 매력 넘치는 강연으로 청중의 마음을 사로잡고 나만의 무기인 해피 바이러스를 마음껏 나눠 줄 것이다.

이 글을 쓰고 있는 지금, 종이 위에 쓰면 꿈이 이루어진다는 것을 확신한다. 좋은 일은 일어나게 마련이고 삶은 내가 쓰는 대로 전개될 것이 분명하기 때문이다.

03

부모님께 편하고
따뜻한 집 지어 드리기

내가 초등학교 3학년 때 우리 집을 새로 지었다. 빨간 기와가 멋진 신식 양옥집이었다. 얼마나 좋았는지 새집에 짐을 옮기기도 전에 언니들과 이불 하나 들고 가서 행복해하며 밤을 보냈다. 어린 마음에 새집이 생기니 그렇게 행복할 수가 없었다. 그전에는 흙으로 빚은 작은 한옥에서 살았다. 벌써 25년도 더 지난 일이다. 우리 5남매를 다 품어 낸 그 집에는 현재 엄마, 아빠 두 분만 살고 계신다. 형제 모두 새로운 곳에서 둥지를 틀고 살아가고 있다.

지난해 여름 우리 가족에게 큰 시련이 닥쳤다. 자꾸만 항문 쪽에 통증을 느끼시던 아빠는 치질이려니 생각하고 가벼운 마음으로 병원을 방문하셨다. 하지만 대장암이 의심된다는 청천벽력 같은 진단이 내려졌다. 왜 이제야 왔냐는 의사의 말은 송곳이 되어 자식들의 마음을 후벼 팠다. 건강검진만 정기적으로 받으시게 했으면 암으로 발전되기 전에 수술할 수 있었을 텐데… 우리는 너무 자기 먹고살기에만 바빴다. 각자의 삶 속에서 부모님은 항상 우선순위에서 밀려 시간 있을 때 안부전화나 하는 정도였다.

후회하며 눈물만 흘리고 있을 시간조차 허락되지 않았다. 서둘러 대학병원에서 정밀검사를 했다. 아빠는 대장암 3기 판정을 받으셨다. 불행 중 다행인 것은 다른 장기로 전이되지는 않았다는 것이었다. 하지만 암 덩어리가 너무 커서 당장 수술은 어려운 상태라고 하셨다.

樹欲靜而風不止 子欲養而親不待(수욕정이풍부지 자욕양이친부대)
나무가 고요하고자 하나, 바람이 그치지 아니하고, 자식이 부모를 봉양하고자 하나, 부모는 기다려 주지 않는다.

《한시외전》에 나오는 글이다. 처음에 큰언니로부터 아빠의 소식을 전해 듣고 자꾸만 이 글이 생각나면서 가슴이 미어져 하염없이 눈물만 흘렸다. 아빠가 너무 보고 싶어 전화를 걸었다. 수화기 너머로 아빠 목소리가 들리자 나도 모르게 '지금은 이렇게 버튼만 누르면 아빠하고 연결되는데 아빠가 세상에 안 계시면 어떻게 아빠와 연결이 되지?'라는 생각이 들었다. 그러자 눈물이 나서 더 이상 아빠와의 대화를 이어 갈 수가 없었다. 서둘러 핑계를 대고 전화를 끊었다. 아빠의 고생스러웠던 인생이 주마등처럼 스쳐 지나갔다.

우리 아빠는 보수적이고 무뚝뚝한 전형적인 시골 남자다. 밖에서는 그렇게 호인이면서도 엄마한테는 매정하고 무뚝뚝하고 무서운 나쁜 남자다. 아빠가 세 살 때 할아버지가 돌아가셨다고 한다. 아빠는 할아버지 얼굴도 모른다고 하셨다. 홀어머니 밑에서 가난에 허덕이며 입에 풀칠 정도만 겨우 하셨다고 한다. 그런 아빠의 삶에서 배움은 사치였을지도 모른다. 배우지 못한 것은 아빠의 평생 한으로 남았다.

그래서인지 아빠는 악착같이 우리 5남매를 대학까지 다 가르치셨다. 배워야 이 험난한 세상에서 사람 구실 하고 산다고 늘 말씀하셨다. 자식들 가르치며 먹고살기 위해 궂은일 마다하지 않았던 악착같은 시간들은 유년 시절 엄마 아빠와의 행복한 추억들을 모두 앗아 갔다.

초등학교 때는 학교를 마치고 돌아오면 부모님이 집에 계신 적이 없었다. 부모님은 매일 새벽부터 해 질 녘까지 농사일을 하셨다. 자식들 크는 것에는 관심이 없으셨다. 아니, 관심을 가질 여유가 없으셨다. 지금은 이해하지만 당시엔 오로지 일만 하시는 부모님이 얼마나 원망스럽고 싫었는지 모른다.

부모님은 평생을 소 키우고 벼농사 지으며 우리 5남매를 잘 길러 주셨다. 고생만 하다 일흔이 넘어서야 겨우 일에서 벗어나 허리 좀 펴려 할 때 암 판정을 받은 것이다. 아빠의 인생은 수고와 슬픔으로 점철된 시간들이었다.

당장은 수술이 어려우니 일단 항암치료로 암 덩어리를 줄여야 했다. 항암치료가 힘든 과정이라는 것을 알았지만 선택의 여지가 없었다. 연세에 비해 풍채가 좋은 편이셨던 아빠는 불과 두 달 만에 몸무게가 20kg이나 줄었다. 잘 드시지도 못하셨고 항문의 혹 때문에 앉아 있을 수도 누워 있을 수도 없다며 고통스러워하셨다. 엄마와 우리 5남매는 안간힘을 쓰며 버텨 내시는 아빠를 눈물로 지켜볼 수밖에 없었다.

다행히 아빠는 그 힘든 고통을 끝까지 잘 견뎌 주셨다. 의사 선생님도 기적이라고 말할 정도로 암 덩어리의 크기가 많이 줄어들어 수술을 할 수 있었다. 수술한 뒤 입원해 계시는 동안 우리는 서둘러 미뤄 두었던 집수리를 시작했다. 현 상태로는 집도 너무 좁고 환자인 아빠가 살기에 불편한 점이 한두 가지가 아니었다. 급한 대로 창문을 2중창으로 바꾸고 화장실도 아빠가 사용하시기 편하게 리모델링을 했다. 지금은 허름한 집을 고치고 있지만 머지않아 엄마, 아빠가 살기 편한 따뜻한 집을 지어 드리고 싶다는 소망이 꿈틀거리기 시작했다.

어릴 때부터 나를 공부하게 하고 성장하게 한 사람은 아이러니하게도 자식들 크는 것에 아무런 관심이 없으셨던 아빠였다. 내가 공부를 잘하면 아빠는 까맣게 그을린 얼굴에 하얀 이를 드러내고 활짝 웃으며 좋아하셨다. 나는 아빠의 웃는 얼굴이 보고 싶었다. 그래서 누가 시키지 않아도 스스로 열심히 공부했다. 내가 공무원 시험에 합격했을 때 아빠는 눈물을 보이셨다. 무뚝뚝하고 무섭기만 했던 아빠의 눈시울이 붉어지는 것을 본 순간 '와, 진짜 나 공무원 하기 잘했다'라고 생각했다.

이제 나는 아빠를 위한 또 다른 선물을 준비하고 있다. 이번 설에 내려가서 아빠께 말씀드렸다. 추석에 내려올 때는 내가 쓴 책을 들고 오겠다고 말이다. 공무원이 되었을 때보다 더 환한 아빠의 미소를 볼 수 있으리라 기대하고 있다. 이번 고비로 인해 아빠에게 효도할 기회조차 없어지는 상황이 벌어졌다면 나는 평생 후회하며 살았을 것이다. 아직 내 곁에 살아 계신 우리 아빠께 정말 감사하다. 이번 설에 내려가서 아빠를 껴안으며 "아빠, 잘 버텨주셔서 고마워요. 아빠가 있으니까 참 좋다."라고 말했더니 다 늙어 빠진 아빠가 뭐가 좋으냐고 하셨다. 그래도 기분은 좋으신지 환하게 웃으셨다.

지금 나는 꿈 너머 꿈을 꾸고 있다. 엠제이 드마코는 그의 저서 《부의 추월차선》에서 "부는 인생을 충분히 경험할 수 있는 능력이다."라고 말했다. 우리 부모님은 사는 동안 너무 가난했다. 가난은 불편할 뿐 아니라 인생의 모든 시간을 먹고살기 위한 일을 하는 데 쓰게 만든다. 부모님의 인생에는 고생과 희생밖에 없었다.

부모님께 지금부터라도 인생을 충분히 경험하게 해 드리고 싶다. 제일 먼저 부모님이 머무르실 편하고 따뜻한 집을 지어 드리고 싶다. 세상에서 제일 좋은 것, 맛있는 것, 멋진 것 다 누리게 해 드리고 싶다. 내 차 벤츠로 전국을 모시고 다니면서 최고급 호텔에서 잠을 자고 맛집을 찾아다니며 최고의 음식을 대접하고 최고의 경관을 구경시켜 드리고 싶다. 그렇게 남은 생애 왕과 여왕처럼 살게 해 드릴 것이다.

지금 이 순간 이 글을 쓰면서도 행복하고 마음이 따뜻해진다. 그 어떤 꿈보다 더 나의 마음을 흐뭇하게 하고 나를 미소 짓게 만드는 이 꿈을 책에 담으며 머지않아 이 꿈이 이루어지리라 확신한다. 종이 위에 쓰면 이루어지는 기적이 분명히 내 삶에서 펼쳐질 것이기 때문이다.

04

1년에 1권씩 책 쓰고
북 콘서트 열기

책을 쓰면 평생 현역으로 멋진 삶을 누릴 수 있다. 많은 사람들이 꿈을 꾸지만 꿈꾸는 모든 사람이 꿈을 이루는 것은 아니다. 가슴속에만 있는 꿈은 진짜 꿈이 아니다. 꿈을 실현하기 위해 실행할 때 진짜 꿈으로 나타나기 시작한다.

나는 지금 책을 쓰고 있다. 첫 책의 원고를 완성하고 출판사와 계약하면 바로 그다음 책을 준비할 것이다. 지금까지 너무 오랫동안 나의 꿈을 모르는 척하고 살아왔다. 이제는 꿈에게 제대로 기회를 주고 싶다.

누구에게나 가장 잘하고 좋아하는 일을 하며 사는 삶이 축복된 삶이다. 그러니 자신이 가장 잘할 수 있고 좋아하는 일이 무엇인지 찾는 것부터 시작해야 한다. 무엇을 하고 있을 때 가장 행복한지, 시간이 나면 무엇을 가장 하고 싶은지 자신에게 끊임없이 질문해야 한다. 나는 그렇게 꿈을 찾았고 꿈을 향해 적극적으로 행동하고 있으며 꿈 너머 꿈을 꾸고 있다.

나는 꿈이 나를 이끌어 주는 삶을 살아가고 있다. 그 꿈을 향한 여정에서 함께하고 있는 존재들이 있다. 바로 책과 꿈 친구들이다. 사실 나 자신의 의지만으로는 꿈을 방해하는 요소들을 이겨내기 힘들다. 때문에 책을 통해 동기부여를 받고 꾸준히 의식을 확장해야 한다. 그러면서 행복한 사람들 틈에서 긍정 기운과 무한한 신뢰, 그리고 지지를 받을 때 지치지 않고 끝까지 갈 수 있다.

책이 내 인생에 미친 영향은 실로 놀랍다. 나는 책을 읽으며 더 큰 꿈을 꾸게 되었다. 그리고 책에서 얻은 지혜를 나의 삶 속에 그대로 담아냈다. 책은 나에게 삶의 방향을 제시해 주었고 꿈 너머 꿈을 꾸게 해 주었다. 그로 인해 내 삶에는 많은 변화들이 있었다.

명확한 나의 꿈과 미래를 그리며 몰입독서를 하기 시작하자 무료했던 내 삶이 드라마틱하게 변했다. 한 권 한 권 더 많은 책을 읽어 갈수록 의식이 확장되고 꿈을 향해 행동하게 되자 매사에 자신감이 생겼다.

지금 나는 꿈에 대한 책을 쓰고 있다. 두 번째 책에는 독서가 내 인생을 어떻게 송두리째 바꾸어 놓았는지 나만의 스토리를 담아내고 싶다. 세 번째는 1만 권의 책을 읽는 것보다 1권의 책을 쓰는 저자가 되라고 말하는 책 쓰기에 관한 책을 쓸 것이다. 오늘도 책만 읽으며 지식을 습득만 하고 있는 이들에게 이제는 읽은 책들을 자신의 지혜로움으로 승화시켜 세상에 너만의 스토리를 들려주라고 말하고 싶다. 책 쓰기 전도사가 되어 〈한책협〉의 전 국민 1인 1책 쓰기 운동에 동참할 것이다. 그다음은 아이를 키우며 직장생활 하는 워킹맘들에게 뜨거운 응원의 메시지를 보내는 좌충우돌 육아서를 쓰고 싶다. 이외에도 쓰고 싶은 책이 참 많다. 평생 현역으로 책 쓰는 삶을 살 수 있게 되어 감사하다.

책을 쓰는 과정은 진정한 나 자신과의 만남의 과정이라고 생각한다. 나는 꿈을 찾고 나를 더 많이 사랑하게 되었고 나에게 더 많은 기회들을 주고 있다. 예전에는 집을 사면서 은행의 힘을 빌리는 것은 당연하게 생각하면서도 무엇을 배우기 위해 대출을 받는다는 것은 상상조차 하지 못했다. 책을 통해 부에 대한 시각이 바뀌면서 성장하기 위해서는 배움에 투자하는 것이 제일 현명한 일이라는 것을 알게 되었다.

이노우에 히로유키는 자신의 저서 《배움을 돈으로 바꾸는 기술》에서 다음과 같이 말한다.

"대출 없이는 성공할 수 없습니다. 대출은 뒤에서 밀어주는 힘이나 잡아주는 손과 똑같습니다. 그 도움으로 계단을 오를 수 있다면 빌린 돈을 여유롭게 갚을 수 있게 됩니다."

꿈을 향해 첫 발걸음을 뗄 때는 누구나 돈도 없고 주변의 저항에 맞닥뜨리게 마련이다. 가장 지지해 줄 것으로 믿었던 사람이 "네가 무슨 책을 쓴다고……. 애나 잘 키워!"라는 말로 상처를 주기도 했다. 마음 아파하며 미워할 시간에 '두고 봐! 내가 결과물로 보여 준다'라는 당찬 포부를 가질 필요가 있다. 그리고 그 마음을 열심히 결과물을 내는 기폭제로 만들어 버리면 된다.

나에게는 3명의 아이가 있다. 그 아이들은 지금 엄마의 손길이 가장 필요한 때다. 책 쓰기를 시작하면서 전보다 같이해 주는 시간이 줄어들어 마음이 아프다. 선택과 집중하는 마음으로 책 쓰기를 우선순위에 두다 보니 아이들에게 소홀해진 것도 사실이다. 이런 염려 때문에 책 쓰기를 시작하기 전에 아이들을 좀 더 키우고 나서 해야 하는 거 아닌가 하는 생각을 했었다.

하지만 무엇을 하기에 완벽한 때란 없다. 기회의 여신은 완벽한 때를 위해 기다려 주지 않는다. 나는 가슴이 시키는 대로 일단 저지르고 행동했다. 그 결과 어느새 꿈길의 중반까지 오게 되었다.

나는 책을 쓰고 그 스토리로 관객들과 열정적으로 소통하는 북 콘서트도 개최할 것이다. 콘서트 무대에는 우리 가족 모두가 오른다. 내가 책을 쓰고 달라진 삶을 살게 되자 동기부여를 받은 우리 남편도 자신의 책을 쓰고 세상과 소통하는 작가가 된다.

저자가 된 우리 부부는 같은 무대에서 대화형 북 콘서트를 열 것이다. 자연스러운 토크 형식의 꿈 부부의 북 콘서트는 꿈을 잃고 살아가는 많은 이들의 가슴을 뛰게 할 것이다. 평범한 직장인이자 세 아이 엄마 아빠였던 사람들이 책을 쓰고 행복한 모습으로 무대 위를 종횡무진 하는 모습을 보고 많은 부부들이 우리와 같은 꿈 부부의 삶을 꿈꿀 것이다.

물론 여기서 끝이 아니다. 내가 행복하게 꿈꾸는 우리 가족의 모습이 있다. 그것은 바로 콘서트 중간 중간에 세 아이들과 함께 악기를 연주하는 것이다. 바이올린, 비올라, 첼로를 연주하며 피아노 선율에 현악 4중주를 더해 사람들의 감성을 자극할 뿐 아니라 한 무대에서 강연하고 공연하는 우리 꿈꾸는 가족의 행복한 모습을 보며 많은 이들이 행복함을 느끼게 할 것이다.

책을 쓰는 삶이 이 모든 것을 가능하게 해 줄 것이다. 얼마 전 남편에게 가족 북 콘서트에 대한 구체적이고 명확한 스토리를 들려주었다. 갑자기 남편의 얼굴이 환해지는 것을 보았다. 책을 쓰지 않았다면 꿈꿀 수 없는 일이었다. 남편도 전에는 한 번도 생각해 보지 않은 우리 가족의 멋진 삶의 모습에 흐뭇해했다. 꿈은 자신이 아는 만큼만 꿀 수 있다. 우물 안에서 살 때는 단 한 번도 그려 보지 못했던 우리 가족의 미래다. 엄마의 꿈의 크기만큼 우리 아이들도 꿈꾸게 된다. 현실에 안주하지 않고 작가 및 강연가로서 인생 2막을 꿈꾸며 치열하게 행동하고 노력하는 모습 자체가 아이들에게 좋은 귀감이 될 것이다.

책을 쓰는 과정에서 나는 더 많이 성장하고 있다. 그만큼 꿈의 크기도 점점 더 커지고 있다. 전에는 평범한 직장, 엄마라는 이름에 갇혀서 생각하는 대로 살지 못하고 사는 대로 생각하면서 살았다. '살다 보면 좋은 날이 오겠지'라고 막연하게 생각했다. 하지만 꿈꾸고 행동하지 않는 자에게 기회의 여신은 절대 미소 짓지 않는다.

인간에게는 무한한 잠재력이 잠들어 있지만 내 안의 잠들어 있는 거인을 깨우지 못한다면 남들처럼 평범하게 살다가 생을 마칠 수밖에 없다. 내가 꿈꾸는 삶은 책을 통해 세상에 나를 알리고 강연이라는 형태로 세상과 소통하는 삶이다.

내가 걷는 꿈길에는 항상 우리 가족이 함께한다. 나 혼자가 아닌 가족이 다 같이 함께하는 꿈을 꾸는 지금 이 순간 정말 행복하다. 우리 꿈쟁이 가족을 통해 더 많은 가족들이 함께 꿈꾸며 행복을 찾아가길 소망한다. 이번엔 당신 차례다. 당신의 꿈에게도 기회를 주어라. 당신의 꿈을 너무 오래 기다리게 하지 마라. 오늘도 꿈꾸는 여자는 행복하다.

05

자연친화적이고 북카페 같은
전원주택에서 살기

나의 고향은 전라남도 담양의 한 시골 마을이다. 고향이 시골이라서 참 좋다. 시골에서의 어린 시절 추억이 참 많다. 학교 다녀온 후 논에 가서 참새 쫓기, 염소를 데리고 가서 풀밭의 풀 먹이기, 냇가에서 바구니로 물고기 잡기 등으로 바쁘게 보냈다. 모두 자연 속에서 이루어졌다. 지금 자라나는 아이들은 상상할 수도 없는 일이다.

여름이면 친구들과 몰려다니며 냇가에서 물놀이를 하고 겨울이면 비료 포대 하나 들고 뒷산에 올라서 눈썰매를 즐겼다. 시골 아이들에게는 온 자연이 놀거리였다. 시골에서 자연을 벗 삼아 유년 시절을 보낸 점이 참 마음에 든다. 이런 시골스러운 추억들이 내 가슴에 남아 있어 난 참 행복하다.

직장생활을 시작하면서 나의 어린 시절 추억이 깃든 고향을 떠났다. 그 후 자리 잡은 곳은 경기도 안성이다. 안성은 도농복합 도시로 수도권에 속해 있음에도 불구하고 시골스러운 풍경들을 많이 간직하고 있어서 참 좋았다. 하지만 남편은 나와 다르다. 남편은 지금도 교통이 편하고 많은 것들을 손쉽게 누릴 수 있는 서울을 좋아한다. 서울에서 나고 자란 남편이 서울을 떠나 안성으로 내려오기는 쉽지 않았을 것이다.

지금 우리는 아파트에서 살고 있기는 하지만 뒤에는 바로 산이 있고 문만 열고 나오면 드넓은 논과 밭이 눈앞에 펼쳐진다. 나는 어릴 때부터 논과 밭에서 뛰어놀며 자라서 그런지 논밭을 보면 마음이 평온해짐을 느낀다. 고향에서 느끼던 정취가 그대로 느껴진다. 화창한 봄날이면 파릇파릇 올라오는 새싹들을 보며 아이들과 논두렁 산책을 즐긴다.

지금 살고 있는 곳은 지은 지 오래된 26평 아파트다. 아파트를 둘러싸고 있는 자연환경은 정말 마음에 든다. 그런데 아이가 3명이 되면서 우리 가족은 결혼 7년 만에 다섯 식구가 되었다. 5명이 모여 잠을 자기에는 안방이 비좁다. 아침에 눈뜨면 남편이 안방에 없을 때가 많다. 오늘도 자다가 아이들하고 부딪치니까 혼자 건넛방에서 잠을 잔 것이다.

그런 일이 있으면 막연히 '그래 큰 집으로 이사를 가야지. 우리 다섯 식구한테는 이 집이 좀 작다'라고 생각하곤 했다. 남편은 큰 데로 이사 가자는 말을 했지만 난 우리 집 경제여건상 아직은 안 된다고 생각했다. 그런데 지금은 남편보다 내가 더 이사 가기를 원한다. 이 모든 변화는 책을 쓰는 과정에서 나의 의식이 확장되었기 때문이다. 나는 책을 통해 마음껏 꿈꾸는 법을 알게 되었고 그 꿈을 지금 이렇게 책 속에 담아내고 있다. 쓰면 이루어지는 종이 위의 기적을 믿기 때문이다.

책 쓰기 과정을 시작하기 전 나를 위한 공간은 전혀 없었다. 아이가 셋이다 보니 집 안 어디든 아이들 물건이 없는 곳이 없었다. 낮 시간 동안 요리 공간이었던 부엌 한편의 식탁이 유일한 나의 공간이었다. 그곳에서 평소 책도 보고 일기도 쓰고 했다.

책 쓰기 과정이 시작되면서 제일 먼저 내가 한 일은 나만의 공간을 만드는 일이었다. 아이들 책과 장난감으로 뒤덮여 있던 책상을 정리하고 책꽂이 하나를 방으로 들여놓았다. 비록 옷방의 한구석에 마련한 작은 공간이지만 아이들이 태어나고 처음 나만을 위한 공간이 생겼다는 행복감이 밀려왔다. 하지만 그 행복감도 잠시뿐이었다. 시간이 지나 많은 책들을 사게 되고 글 쓰는 작업을 하다 보니 책상이 너무 작아 불편했다. 그러다 내가 원하는 집을 구체적으로 생각해 보기 시작했다. 내가 꿈꾸는 집을 생생하게 그리며 내가 어떤 집에서 살기를 원하는지 더 확실하게 알게 되었다.

나와 주파수가 맞는 책으로 가득 찬 책꽂이와 책 쓰는 작업을 하기에 적합한, 큰 책상이 있는 나만의 꿈꾸는 서재를 꾸밀 것이다. 나는 이 꿈의 공간에서 책 속을 거닐며 온전히 나 자신을 위한 시간을 갖고 평생 책을 쓰는 삶을 살아갈 것이다. 거실은 북카페처럼 책 읽는 풍경이 그려지는 공간으로 꾸미고 싶다. 한쪽에는 아이들을 위한 키즈카페 같은 공간도 마련한다. 세 아이는 그 꿈의 공간에서 마음껏 웃고 즐긴다. 그사이 남편과 나는 향긋한 차를 마시며 큰 창문으로 들어오는 따사로운 햇살을 맞는다. 그리고 책을 보면서 한가로운 오후 시간을 보낸다.

자연의 품에 안긴 집으로 자연을 마음껏 누릴 수 있고 마당이 있는 집이었으면 좋겠다. 층간소음 걱정 없이 우리 아이들이 마음껏 웃고 떠들고 뛰어다닐 수 있는 집. 피아노 연주 소리가 끊이지 않고 항상 책과 음악 그리고 자연이 함께하는 삶 말이다. 주말이면 마당에서 공놀이를 하고 그네도 타고 여름에는 풀장에서 수영도 할 수 있는 그런 집이면 좋겠다.

새벽에 일어나 책을 읽거나 글을 쓰고 있으면 가끔 딸이 졸린 눈을 비비며 찾아올 때가 있다. 자면서도 엄마가 빠져나간 것을 어쩜 그렇게 잘 아는지 신기하다.

"엄마~ 또 책 봐?"

"응. 우리 민아 엄마 없어서 깼어? 미안해. 그런데 엄마가 책을 쓰고 있거든. 조금만 이해해 줘. 엄마가 책 써서 돈 많이 벌면 민아 방 예쁜 공주방으로 꾸며 줄게."

내 말에 딸은 활짝 웃으면서 엄마 없어도 잠잘 수 있다면서 씩씩하게 방으로 들어간다. 그 후 민아는 내가 책을 보거나 글을 쓰고 있으면 어느새 옆에 와서 이렇게 말을 건넨다.

"엄마~ 엄마가 책 써서 나 공주방 만들어 줄 거지? 얼른 책 써."

그러면서 책 쓰는 엄마를 방해하지 않으려고 동생들을 데리고 논다. 이제 일곱 살이 된 우리 딸은 어린 나이에 동생이 2명이나 생기면서 철이 일찍 들었다. 지금도 엄마의 책 쓰기를 열렬히 지지하고 응원해 주는 사람은 다름 아닌 바로 우리 딸이다. 물론, 공주방을 갖고 싶은 순수한 마음이겠지만 그런 마음까지도 기특하고 예쁘고 사랑스럽다.

우리 딸에게 공주방을 꾸며 줄 수 있을 정도의 큰 집에서 사는 걸 꿈꾸며 오늘도 나는 치열하게 글은 쓴다. 우리 딸은 지치지 않는 열정을 유지하게 하는 열렬한 나의 팬이다.

민아에게는 다섯 살과 네 살 난 남동생이 있다. 다섯 살 된 민혁이에게 "누나 방은 공주방으로 꾸며 줄 건데 네 방은 어떻게 꾸며 줄까?"라고 묻자 자동차 방으로 꾸며 달라고 말한다. 요즘 한창 자동차에 빠진 아들은 변신로봇을 사재기하고 있다. 방에는 자동차 침대를 넣어 주고 엄청 큰 변신로봇들이 자신을 지켜 줄 수 있게 종류별로 방에 다 사들여 달라고 조른다. 그 말을 듣고 나는 웃으면서 알겠다고 말했는데 상상만으로도 정말 행복했다.

아이들 방이 따로 생기게 되면 자연스럽게 우리 부부에게도 다시 둘만의 침실이 생길 것이다. 신혼 때 이후로 사라진 우리의 침실 말이다. 잠들기 전에 클래식 음악을 들으며 서로의 책을 보다 잠들고 싶다. 지금까지 아이들을 키우며 치열하게만 살아온 우리 부부의 삶에도 쉼표가 필요하다.

우리 부부는 지금보다 더 서로를 존중하고 서로의 꿈을 응원해 주면서 따뜻하고 사랑스러운 결혼생활을 유지할 것이다. 자연의 품 안에서 마음껏 뛰놀며 자라난 우리 아이들은 몸도 마음도 건강한 행복한 아이들로 성장할 것이다. 집에는 항상 아이들의 행복한 웃음소리가 넘쳐 난다. 가족이 다 함께 악기를 연주하는 즐거운 우리 집이다. 내가 꿈꾸는 우리 집은 항상 책과 음악 사이에서 행복이 피어나는 사랑 넘치는 공간이다. 자연이 살아 숨 쉬고 대자연의 숨결이 그대로 느껴지는 삶의 공간이다. 내가 상상하면 꿈이 현실이 되는 기적을 믿는다. 머지않아 우리 가족이 꿈꾸는 삶이 우리 앞에 펼쳐질 것이다.

보물지도 8

초판 1쇄 인쇄 2017년 4월 12일
초판 1쇄 발행 2017년 4월 19일

지 은 이	김태광 미셸 현 이혜미 이주연 김리나
	송세실 유하영 장재형 류한윤 이송이
펴 낸 이	권동희
펴 낸 곳	시너지북
기 획	김태광
책임편집	김진주
디 자 인	박정호
교정교열	우정민
마 케 팅	김응규 허동욱

출판등록	제312-2012-000040호
주 소	경기도 성남시 분당구 수내동 16-5 오너스타워 407호
전 화	070-4024-7286
이 메 일	synergybook@naver.com
홈페이지	www.wbooks.co.kr

ⓒ시너지북(저자와 맺은 특약에 따라 검인을 생략합니다)
ISBN 979-11-87532-52-1 (03190)

이 도서의 국립중앙도서관 출판도서목록(CIP)은 서지정보유통지원시스템
홈페이지(http://seoji.nl.go.kr)와 국가자료공동목록시스템(http://www.nl.go.
kr/kolisnet)에서 이용하실 수 있습니다.(CIP제어번호: CIP2017008660)

시너지북은 독자 여러분의 책에 관한 아이디어와 원고 투고를 설레는
마음으로 기다리고 있습니다. 책으로 엮기를 원하는 아이디어가 있으신 분은
이메일 synergybook@naver.com으로 간단한 개요와 취지, 연락처
등을 보내주세요. 망설이지 말고 문을 두드리세요. 꿈이 이루어집니다.

시너지북은 위닝북스의 브랜드입니다.

※ 책값은 뒤표지에 있습니다.
※ 잘못 만들어진 책은 구입하신 서점에서 교환해 드립니다.